KB078657

해방 이후 한국의 풍경 1

구보 씨가 살아온
한국 사회

차례
Contents

일러두기 · 이 책은 1964년생인 저자가 1935년에 태어난 구보 씨로 가정하고, 해방 이후 한국의 사회문화사를 추적한 것이다.

들어가며

참 많은 세월이 흘러갔네. 달리기를 잘한다고 해서 내 별명은 구보(驅步) 씨. 1945년, 내가 열 살 때 일제강점기에서 벗어나 해방을 맞았어. 박태원은 『소설가 구보 씨의 일일』(1934)이라는 세태 소설에서 구보 씨의 눈으로 본 서울 풍경을 이야기했지. 나도 그 소설에서 구보 씨가 말했듯이 우리가 살아온 지난 시절을 얘기하려고 해. 해방 이후 한국인들의 일상생활이 어떻게 달라졌는지, 저 아득한 기억을 톺아볼 거야.

의복과 주거

치마 길이는 얼마나 더 짧아져야 하나

　방송에서 걸그룹 공연 때 눈을 어디에 둬야 할지 모르겠어. 치마 길이가 짧아도 너무 짧아졌어. 가수의 노래를 들어야 하는데, 다리를 쳐다볼 때가 더 많으니 어쩌면 좋아. 탤런트 이순재 씨도 한때 '야동 순재'로 주목받았으니까 이런 구보 씨 마음도 이해해주셔. 그래서 치마 길이가 그동안 어떻게 변해왔는지 이야기해볼게.

　"눈 둘 곳 없는 아찔한 치마 길이" 이런 선정적인 제목의 기사를 많이 봤을 거야. 하지만 조선시대 풍속화나 중세 서양의 그림엔 치마의 바닥 지름이 2~3미터나 되는 광폭 치마가 많이 등장해. 치맛단에 가려 신발이 안 보일 정도지. 자전거도 처음엔 앞바퀴가 뒷바퀴보다 훨씬 컸는데, 치마 입은 여성들을 위해 지금처럼 변형시킨 거야. 치마 길이는 미니(짧은 치마), 미디(종아리 중간 길이 치마), 맥시(발목 길이 치마)로 크게 나뉘는데, 체형에 따라 어울리는 치마가 따로 있지. 그런데도 요즘은 다들 짧은 것만 입으려고 해.

여러 벌의 속옷을 껴입어 잔뜩 부풀린 치마를 묘사한 혜원 신윤복의 「미인도」(간송미술관)

'하후상박(下厚上薄)'이라는 말 많이 들었을 거야. 아랫사람에게 더 후하게 주고 윗사람은 덜 받는 쪽으로 연봉을 조정했다고 할 때 자주 쓰는 표현이잖아. 원래는 조선 후기에 유행한 '하후상박' 패션 스타일을 설명할 때 자주 썼어. 몸에 꼭 맞는 짧은 저고리와 넉넉하게 부풀린 치마 입은 여인을 그린 신윤복의 「미인도」를 떠올려봐. 여러 벌의 속옷을 껴입어 잔뜩 부풀린 치마(하후)와 젖가슴이 드러날 만큼 짧은 저고리(상박)는 18세기부터 개화기까지 유행한 우리나라 여성의 옷차림이었어. 해방 직후엔 개량한복이나 일명 몸뻬(여인들이 일할 때 입던 일본식 바지)가 여성의 일상복이었고, 1950년대 말엔 맘보바지가 크게 유행했지.

"말세다, 말세야. 아랫도리를 벗고 다니네."

혀를 끌끌 차며 한탄하시던 아버지의 모습이 아직도 선연해. 1967년 미국에서 활동하다 귀국한 가수 윤복희 씨의 짧은 미니스커트 차림은 충격적이었지. 미니스커트 열풍이 전국을 휩쓸자 언론에서는 저명인사들을 초청해 찬반 토론을 벌이기도 했어. 최신 유행이냐, 풍기 문란이냐를 놓고 국론이 양분된 거야.

미국 경제학자 마브리는 스커트 길이가 짧아지면 주가가 오른다는 '치마 길이 이론(skirt-length theory)'을 제시했는데, 실제로 호황이던 1920년대엔 무릎길이의 치마가 유행했고, 1930년대 세계 대공황 시기엔 치마 길이가 길어졌다는 거야. 우리나라에 미니스커트가 유행한 1960년대에도 경제가 성장하고 주가가 올랐으니 단순히 속설이라고만 치부하려 해도 좀 뭐하네.

가수 윤복희의 미니스커트(1960년대)

1973년에 경범죄 처벌법이 생겨 무릎 위 15센티미터가 '저속한 옷차림'의 커트라인이 되면서 미니스커트를 단속했어. "미니스커트 첫 구류(拘留). 천안경찰서는 26일 개정 경범죄 처벌법 발효 이후 미니스커트를 입고 길을 가던 박 모 (22) 양을 즉결에 넘겨 2일간 구류 처분을 받게 했다."(1973년 4월 28일, 「동아일보」) 경찰이 대나무 자를 들고 다니며 거리에서 여성의 치마 길이를 직접 재는 진풍경이 여기저기서 벌어졌지.

더 짧아 보이고 싶었던 여성들은 미니스커트 밑단에 살색 옷감을 덧대 단속에 걸리지 않으면서 착시 현상으로 짧게 보이게 하는 방법으로 꿈을 이뤘어. 그때 살색 천을 댄 치마 입은 여자들을 생각하면 웃을 수밖에. 엄격한 아버지에게 혼쭐날까 두려워 집에서부터 미니스커트를 입지 않고 가방에 넣어 나갔다가 빵집 화장실 같은 데서 갈아입은 여대생들도 많았어. '저속한 옷차림' 조항은 점점 사문화됐지만 1988년 말까지 존속했어. 경찰이 치마 길이를 재며 조금만 시선을 달리해도 요즘 기준으론 성희롱 논란에 휘말릴 수도 있었을 텐데, 당시엔 어떻게 자로 쟀는지 모르겠어.

미니스커트 입은 여성이 구류 처분을 받았다는 보도(1973년 4월 28일, 「동아일보」)

1970년대를 지나오며 치마 길이는 점점 더 짧아졌지. 1973년에는 가수 김세환이 부른 「토요일 밤에」가 꽤 히트했어. "긴 머리 짧은 치마~ 아름다운 그녀를 보면~ 무슨 말을 하여야 할까. 오~ 토요일 밤에. 토요일 밤 토요일 밤에 나 그대를 만나리라. 토요일 밤 토요일 밤에. 나 그대를 만나리라." 이 노래는 아예 짧은 치마가 대세라는 내용으로 시작했어. 1980년대 후반엔 잠시 긴 치마가 유행했는데, 그러고 보면 패션은 돌고 돈다는 말이 맞는 거 같아. 2000년대 들어서는 중고생의 치마까지도 너무 짧아졌어.

2009년이었나? KBS 드라마 「꽃보다 남자」의 여주인공이 초미니 교복을 입고 나왔었잖아. 학생들은 열광했고 교복 치마 길이도 덩달아 짧아졌으니, 다 매스컴의 영향이지. 구보 씨가 중고생 때는 더 자랄 것에 대비해 다들 한 치수 넉넉한 교복을 샀어. 몸에 꼭 맞게 입는 요즘 중고생들은 이해하지 못할 거야.

스커트는 갈수록 짧아져 초미니와 마이크로미니를 지나, 이제 '나노(nano: 10억분의 1을 나타내는 단위) 미니'까지 등장했다고 해. 왜 여성들은 미니스커트에 열광하는 걸까. 패션 심리학자 제임스 레버는 『서양 패션의 역사』(2005)에서 패션의 변천 배경을 '성감대의 이동'으로 설명했어. 1930년대엔 엉덩이, 1940년대는 허리와 가슴, 1950년대 무렵에는 다시 엉덩이가 성감대가 됐는데, 1960년대엔 맨살이 성감대로 떠오르면서 가장 쉽게 살을 드러낼 수 있는 미니스커트가 유행했다고 주장했어.[1] 믿거나 말거나지 뭐.

어쨌든 살을 드러내고 싶은 여성의 욕망은 아무도 못 말려. 오죽했으면 춘향이도 그네를 뛰며 '박속같은 살결'을 보여줬겠어? 『춘향전』에선 방자의 입을 통해 춘향이 그네 뛰는 장면을 이렇게 묘사해.

> 이곳에 추천(鞦韆: 그네)을 매고 네가 뛸 제(뛸 때), 외씨(오이씨) 같은 두 발길로 백운 간(白雲間: 흰 구름 사이)에 노닐 적에 홍상(紅裳: 붉은 치마)이 펄펄, 백방사(白紡絲: 흰 누에고치에서 켜낸 실만으로 짠 명주) 속곳가래(속옷 가랑이) 동남풍(東南風)에 펄렁펄렁, 박속같은 네 살결이 백운 간에 희뜩희뜩(갑자기 몸을 뒤로 젖히며 자빠지는 모양).

정숙한 여인 성춘향은 그네라는 놀이기구를 빙자해 자연스럽게 살을 희뜩희뜩 보여주며 이몽룡을 꼬인 거지. 우리나라 전통 의복은 최대한 신체를 감추는 쪽으로 디자인됐어. 증조할머니나 할머니들은 다리속곳, 속속곳, 속바지, 단속곳, 무족치마, 대슘치마(조선시대 궁중에서 여자들이 정장할 때 입던 속치마)를 입고 나서야 비로소 겉치마를 둘러 입었다고 해. 여성들이 몸을 가리는 데 얼마나 신경 썼는지 알 수 있어. 어떻게 옷을 입든 자유라고 하지만 더 이상 짧아지면 안 되지. 패션이란 공동체의 사회적 산물이며, 노출은 단순한 스타일의 변화가 아닌 타인을 의식하는 행위[2]가 아닐까? 그래서 '은폐는 또 다른 노출'이라는 말뜻을 젊은이들이 깊이 헤아려봤으면 해. 벗는 것보다는 입는 것이 아름다우니까.

수영복은 어느 선까지 진화할 것인가

여름 휴가철이면 바다로 산으로 피서를 떠나는 분들이 많을 거야. 자연스럽게 수영복 입은 모습을 볼 수 있지. 지난해 피서 땐 너무 심한 비키니를 입은 여성들이 많아 손자들과 같이 있기가 영 거시기 하더라고. 지금 기준으로 보면 얌전하고 조신한 수영복이었겠지만, 구보 씨가 청소년이었을 땐 수영복이라는 말만 들어도 엄청난 자극이었어. 그래서 수영복의 변화에 대해 이야기 좀 해볼게.

해방 직후엔 바캉스나 피서 같은 말은 잘 알지도 못했고 휴가를 떠나는 사람도 거의 없었어. 입에 풀칠하기조차 힘든 판에 휴가는 무슨 놈의 휴가야. 당시엔 수영복도 그냥 평상복이나 같았어. 보통 '사루마다(猿股, さるまた)'라고 하던 검

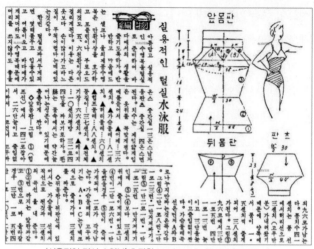

'실용적인 털실 수영복'에 관한 보도(1959년 7월 16일, 「동아일보」)

은색 무명 팬티가 남성 수영복이었지.[3]

당시에도 고가의 수영복이 있었지만 널리 알려지지는 않았어. 찾아보니 이런 기사도 있네. "실용적인 털실 수영복. 아름답고 실용적인 수영복을 털실로 준비하여 바다에서의 생활을 즐기도록 하자."(1959년 7월 16일, 「동아일보」) 만약 지금 같은 세상에서 휴가 때 털실로 짠 수영복을 입고 해수욕장에 가면 다들 그 장면을 스마트폰으로 찍고 난리가 날 거야. 주요 뉴스에도 다 소개되겠지.

"미스 수영복 모집. 삼중당에서는 (…) 전국 미스 수영복을 모집한다고 하는 바 뜻있는 여성들의 많은 응모를 바라

백화사의 상어표 수영복 광고(1969년 6월 13일, 「동아일보」)

고 있다 한다."(1959년 6월 26일, 「동아일보」) 그 어려운 와중에도 미스 수영복 모델을 뽑았다니 참 난감하네. 좀 거창하게 말해서, 1961년에 나온 백화사의 '상어표 수영복'은 해방 이후 한국 수영복 패션의 혁명 주체 세력이었지.

구보 씨는 그때 20대 후반이었는데 아슬아슬한 비키니를 입은 여자들 모습이 아직도 눈에 삼삼해. 상어표 비키니 수영복이 미친 파장은 컸어. 여성 해방의 상징이라 주장하는 사람도 있어서 반대파와 싸우는 일도 많았다니까. 그때부터 우리나라에서 '비키니'라는 말을 많이 썼지만, 사실 프랑스의 디자이너 레아(Louis Reard)가 비키니라는 새로운 수영복

을 발표한 건 해방된 다음 해인 1946년이었지.[4]

"결혼반지 사이로 빼낼 수 없으면 진짜 비키니가 아니다."

레아가 했던 이 말에는 더 이상 버릴 수 없을 때까지 단출하게 만들어야 한다는 비키니의 철학이 담겨 있지. 레아는 새 수영복 이름을 고민하다가 당시 비키니 섬에서 이뤄진 미국 핵폭탄 실험같이 이 수영복이 주목받길 바라며 '비키니'라 명명했다고 해. 당시 로마 교황청은 비키니를 부도덕한 옷이라 비난했고 이탈리아, 스페인, 포르투갈에선 비키니 착용을 법으로 금지했다니까 알 만하지.

신문에서는 당시 외국의 사정을 이렇게 전했어. "노출 수영복의 그 후 이름은 유행. 꼴은 해괴망측(駭怪罔測). 네크라인(목선) 개선한다는 것이 그만 격렬한 찬반의 논쟁. 상인들도 진열을 꺼려."(1964년 6월 30일, 「동아일보」) 하지만 비키니는 점차 대중화돼 탱키니(소매 없는 짧은 셔츠로 된 비키니), 마이크로키니(초미니 비키니), 모노키니(원피스 형태지만 허리나 가슴 부분을 훤히 드러내는 비키니)로 변화를 거듭했지.

1970년대 들어서는 가슴과 허리 부분을 더욱 대담하게 파낸 '미니 비키니'가 나왔고, 원피스 수영복이 복고풍으로 인기를 끌기도 했어. 여성들이 비키니를 자주 찾으면서 선글라스도 덩달아 인기를 누렸지. 이때부터 강렬한 색상에 몸매를 두드러지게 강조한 수영복이 대세가 됐다고 보면 맞아.

1980년대는 아슬아슬한 수영복의 시대라고 할 수 있어. 팝스타 마돈나가 속옷 차림으로 나와 노래를 부른 다음부터, 우리나라 수영복 패션은 거의 란제리 스타일로 바뀌었지. 수영복이 과감해도 너무 과감해서 남자들이 눈을 어디에 둬야 할지 모를 정도였으니까. 가슴이 거의 드러날 것 같은 브래지어에 옆선을 가는 끈으로 이어 만든 팬츠는 너무 아슬아슬했어. 그래서 1980년대 하면 지나치게 과감한 노출 장면과 '아슬아슬'이라는 말밖에 안 떠올라.

1990년대엔 수영복에 잠시 복고풍이 불었지만 화려하면서도 허벅다리 부분이 깊게 파인 하이커트 레그(High-Cut Leg) 수영복이 인기를 끌었지. 환경보호에 대한 인식이 높아지면서 첨단 신소재로 만든 기능성 수영복도 부상했고, 색상과 디자인이 다양해지면서 비키니는 여성에게 가장 중요한 패션 아이템으로 확실히 자리 잡았어. 비키니가 '부도덕한 옷'에서 여름 패션의 아이콘이 된 거지. 남성 비키니에 눈길을 주는 여성도 늘어났어. 바닷가에서 사각팬티나 반바지를 입고 이리저리 서성거리던 아저씨 패션을 사라지게 할 맨키니(Mankini: Man+Bikini)가 등장한 거야.

2000년대 이후 수영복 패션에서는 섹시함과 스포츠를 가장 강조하게 됐지. 물 저항이 적은 첨단 신소재를 쓰고 중요한 곳만 간신히 가린 디자인이 보편적인 수영복 스타일이

됐고, 위험 수위를 들락날락할 만큼 아찔한 비키니에 상하의를 한 벌씩 겹쳐 입는 '레이어드룩'도 인기였지. 남성 수영복도 봐, T자형 팬츠, 치부가 드러나듯 움푹 파인 팬츠, 오색꽃무늬의 띠 팬츠, 엉덩이가 드러나는 '헬끔' 팬츠까지, 남성 수영복에서도 섹시미를 팍팍 강조했어. 이 밖에도 기능에 치중한 긴팔 수영복 래시가드(Rash Guard)를 입는 사람들도 늘었어.

아 참, 수영복 하면 빼놓을 수 없는 게 미스코리아 선발대회지. 1957년 5월 처음 시작한 미스코리아 대회는 그동안 국민에게 큰 볼거리를 선사했지만, 성을 상품화한다며 많은 비판을 받은 것도 사실이야. 그래도 미스코리아 대회의 백미는 역시 수영복 심사가 아니었을까 싶어. 그런데 2014년 대회부터는 비키니 심사를 도입했어. 대회 58년 역사 동안 지켜 온 원피스 수영복 심사 기준이 깨진 거야. '란제리 쇼'를 하는 거냐며 비판하는 목소리도 엄청 많더라고. 글쎄, 꼭 비키니 심사를 해야만 한국의 대표 미인을 선발할 수 있을까. 어떤 기자가 "꼴은 해괴망측(駭怪罔測)"이라는 기사를 다시 썼으면 싶어.

왜 스위트 홈이 아닌 하우스가 되었나

은행 금리가 낮아지면 당연히 집을 사려는 사람도 늘겠지. 무슨 말이냐면 주택담보대출 금리가 더 떨어지면 월세보다 매매 값이 싸져 매수 여건이 더 좋아지지 않겠어? 월세가 늘면 전세가 위축되고 매매가 늘어날 테니 집을 사는 게 낫겠지. 하지만 우리가 금리 따져가며 집을 사고 말고 하는 생각을 언제부터나 했겠어? 그저 등 따습게 누울 공간만 있으면 부러울 게 없었지.

우리나라에 집은 언제나 부족했어. 하지만 사람들은 일제강점기 때도 스위트 홈(sweet home)을 꿈꾸었지.[5] 해방이 되자 일본식 '다다미' 집이 점점 사라지고 온돌이 복권됐지만, 집이 없어 1년에 몇 번씩 이사하는 사람들이 부지기수였지. 통계자료를 보면 이유를 알 거야. 해방 직후에 남한의 총인 구는 1,589만 명이었는데 북에서 월남해 오고 만주나 일본 에서 동포들이 귀국해 불과 1년 만에 400여만 명이 늘어났 어. 좋은 일이었지만 주택 사정은 더 어려워질 수밖에. 그 무 렵 서울 후암동과 이태원 일대에 판자촌과 천막촌이 들어서 면서 '해방촌'이 만들어졌지.

6·25 전쟁으로 주택난은 더욱 심해져 서울에서는 집 한 채 에 보통 여덟 명 정도가 살았어. 전쟁이 끝나고 1956년까지 전국에 걸쳐 재건 주택, 복구 주택, 외인 주택이 들어섰지. 당 시의 재건 주택은 자재가 부족해서 흙벽돌로 지었는데도 서 민에겐 선망의 대상이었어. 스물세 살 때인 1957년이었나? 우리 집은 좀 형편이 나았던지 'ICA 주택'에서 살았어. 그게 뭐냐고? 산업은행이 국제협동조합연합회(ICA)의 자금을 융 자받아 서울의 부암동이나 화곡동에 지은 소규모 주택들을 그땐 그렇게 불렀어. ICA 주택은 나중에 민영주택으로 이름 이 바뀌었고, 1960년대 후반까지 전국 각지로 퍼져나갔지.

그러다 아파트 시대가 시작됐어. 첫 아파트는 1958년 고 려대 앞에 지은 종암아파트야. 17평 규모로 152가구였던 아 파트 준공식엔 이승만 대통령이 직접 참석해 전국적으로 화제가 됐어. 준공식 날 구보 씨도 라디오에서 그 뉴스를 들었으니까. 최초의 민간 아파트가 나온 이후 아파트가 여기저기서 조금씩 늘어나게 됐지. 대한주택공사가 1962년에 지은 마포아파트(450가구)를 시작으로 대단지 아파트가 늘어났고, 1964년에 지은 마포2차아파트는 계단식 설계로 거실과 베란다를 도입한 최초의 아파트로 알려져 있어. 1966년부터 1971년 사이에 지어진 한강맨션아파트는 중산층의 아파트로 인기가 대단했지.

1970년대 초반까지 서울시영아파트도 약 2만 가구가 건설돼 주택난 해소에 많은 도움이 됐다고 해. 그 과정에서 와

종암아파트 건설 현장을 둘러보고 있는 이승만 대통령 일행(1958년, 「동아일보」DB)

우아파트 붕괴 사고가 발생해 '불도저 시장'이라던 김현옥 전 서울시장이 책임을 지고 시장 직에서 물러났었지. 김 시장은 "피와 눈물이 어린 충정으로" 사과한다는 사과문을 「동아일보」 1970년 4월 9일자에 광고로 내기도 했어. 지금 생각해보면 안전하고 완벽한 공사보다 어떻게 해서든 한 채라도 더 늘리겠다는 의욕이 부른 참사였어. 이 밖에도 도심 재개발 사업이 이뤄져 세운상가아파트, 낙원상가아파트, 대왕상가아파트 같은 복합 건물이 생겨났지.

시골에서도 새마을운동의 일환으로 전국에 걸쳐 지붕 개량 운동이 펼쳐졌어. 초가집, 굴피집(굴참나무 껍데기로 지붕을 얹은 집), 너와집(기와 대신 얇은 돌조각이나 널빤지로 지붕을 덮은 집) 같은 전통 지붕이 모두 헐리고 함석, 슬레이트, 시멘트 기와 같은 자재로 지붕이 바뀐 거야. 초기엔 집채는 그대로 두고 지붕만 바꾼 경우가 많아, 박정희 전 대통령이 "초가지붕만 개량하는 건 바지저고리에 중절모 쓴 격"(1978년 2월 2일, 「동아일보」)이라고 지적했다는 기사도 있어.

시골 사는 친구한테 들었던 말인데, 예비 며느릿감이 재래식 화장실과 부엌을 고치지 않고 지붕만 바꾼 낡은 집을 보고 나서 결혼을 안 하겠다고 버티는 바람에 부랴부랴 집까지 수리했다는 거야. 혼담이 오가다 지붕만 개량했다는 문제로 틀어지는 커플들이 많았을 때야.

1970년대엔 연립주택이 대세였지. 단독주택과 아파트의 장점을 골고루 갖춘 연립주택은 자기 소유의 땅과 정원을 가질 수 있어 처음엔 아파트보다 더 인기를 얻었어. 대개 2층이었는데 서양의 타운하우스를 응용해 부엌과 화장실은 1층에, 거실과 방은 2층에 있었어.

1970년대부터 강남 개발이 본격화돼 아파트가 주거 공간이 아닌 투기의 수단으로 떠올랐어. 1960년대 중반 '파고다' 담배 한 갑이 50원이었는데 그때는 담배 4갑이면 강남 땅 한 평을 살 수 있었지. 그런데 강남 개발 이후부터 완전히 달라졌지. 압구정동이나 잠실에 아파트가 속속 들어섰지. 대한주택공사나 민간 건설회사가 아파트 단지를 많이 지어 아파트가 전국으로 퍼져나갔어.

"별빛이 흐르는 다리를 건너 바람 부는 갈대숲을 지나~ 언제나 나를 언제나 나를 기다리던 너의 아파트~." 그 무렵 아파트로 이사한 구보 씨의 18번 노래도 윤수일의 「아파트」(1982년)였어. 이 노래를 부르다 보면 왠지 도시에 사는 게 허무해지고 쓸쓸함 같은 게 느껴졌어.

그 후 '빌라'가 등장해 인기였는데, 고급 내장재로 마감한 고급 연립주택이라고나 할까. 1989년 4월부터 분당을 비롯한 5개 신도시에 건설된 아파트 200만 가구는 우리나라의 주택 보급률을 86퍼센트까지 끌어올렸다고 해. 이때부터 고

층 아파트가 유행이었어. 2002년 10월 완공된 서울 도곡동의
'타워팰리스'는 아파트의 고층화와 고급화를 상징하며 주상
복합아파트 시대를 열었지. 그 이후는 모두가 다들 알 거야.

주택이란 게 뭐겠어. '머무를 주(住)'와 '집 택(宅)'을 합쳤
으니 사람이 들어와 사는 집을 말하는 거겠지. 그런데 아파
트는 한국인의 삶을 완전히 바꿔버렸어. 집을 가족과 사랑을
나누는 공간이 아닌 투자 개념으로 보는 분들이 많아. 하우
스(House)가 주거 공간이라는 밋밋한 의미라면, 홈(Home)은
가정이라는 뜻을 강하게 담고 있어. 가족과 머무를 방 한 칸
이면 모두가 행복했던 해방 직후의 그 시절이 더 좋았다는
생각이 문득문득 들기도 해. 그때의 집안 풍경이 정녕 '스위

트 홈'이 아니었을까 싶어.

결혼식 준비보다 결혼 준비를 해야지

가을에 접어들면서 청첩장을 더 많이 받네. 구보 씨가 50, 60대였을 땐 주례 부탁을 많이 받았는데, 더 나이 들고부터는 모든 주례를 정중히 사양했지. 최근에 "결혼 2주 앞두고 신부 피살 신랑 투신"이라는 뉴스를 봤는데 이건 아니다 싶었어. 혼수 등 결혼식 준비를 하는 과정에서 생긴 갈등 때문이겠지. 결혼 문화가 많이도 바뀐지라 결혼 풍속의 변화에 대해 이야기해보려고 해.

신랑이 사모관대 차림으로 조랑말을 타고 신부 집으로 가서 원삼 입고 족두리 쓴 신부와 차례상 앞에 마주 서서 백년가약을 맺는 게 전통혼례 풍경이었어. 해방 직후엔 대부분이 집에서 전통혼례를 올렸지만, 여유 있는 집에선 '김구예식부'나 '만화당예식부' 같은 전문 예식장에서 신식 결혼식을 하기도 했어.

6·25 전쟁 직후엔 결혼식 올릴 공간이 마땅치 않았지만 그렇다고 해서 결혼을 안 할 수도 없어서 대개는 집에서 결혼식을 했지. 서울 관훈동에 있던 '종로예식장'은 강당에 의

자만 배치돼 있었지만 '펑' 소리 내며 사진을 찍을 수 있어 당시 가장 인기가 높았어. 1950년대에서 1960년대 초반엔 신랑은 양복을 입고 신부는 하얀 한복을 입고 머리에 베일을 올려 쓰고 식을 올렸지.

1960년대 후반부터 1970년대 들어서는 예식장 결혼이 늘었어. 양장이 대중화되면서 신부도 하얀 한복 대신 웨딩드레스를 입고 결혼식장에 입장했어. 웨딩드레스는 해가 갈수록 점점 화려해졌지. 당시엔 누구네 결혼식을 한다고 하면 시골에서나 도시에서나 거의 온 동네 잔치나 마찬가지였어. 형편껏 준비해 간 축의금을 내면 혼주는 답례품으로 찹쌀떡이나

신부 집에서 치렀던 전통혼례 장면(「동아일보」DB)

'카스테라(카스텔라)'를 줬는데, 그걸 받으려고 온 가족이 줄을 서는 진풍경이 벌어지기도 했지. 이후 1973년 6월 1일 정부에서 가정의례준칙을 발표하자 결혼식도 아주 간소해졌어.

1980년대 결혼산업이 활성화되면서 전통적인 혼례는 거의 자취를 감췄어. 대신 호화판 결혼식이 성행하자 허례허식(虛禮虛飾)이라며 호텔에서의 결혼식을 금지하기도 했어. 1999년 들어 호텔 결혼식장에서의 예식을 금하던 법률이 폐지되자 일부 부유층과 연예인들이 호텔을 결혼식 장소로 이용하기 시작했어.

이때부터 호화판 결혼식이 강남을 중심으로 열리게 됐던 거 같아. 지나친 혼수 문제로 양가에 갈등이 빚어져 신혼 초에 벌써 결혼이 파탄 났다는 신문 기사가 놀라울 정도로 많이 나온 것도 이때부터야.

혼수도 시대에 따라 달라져왔어. 넓은 의미의 혼수는 신부가 신랑 측 친척에게 준비하는 예단, 신랑 측에서 준비하는 예물일 테고, 신부가 살림살이로 준비하는 것은 좁은 의미의 혼수겠지. 그런데 혼례 문화가 바뀌면서 과거엔 간소했던 예단이나 예물의 양이 늘어나고 품질도 고가품 위주로 바뀌었어.

해방 이후부터 1950년대까지는 한복 또는 한복을 만들 수 있는 옷감이 혼수품의 전부였어. 그런데 1960~1970년대 산업화 과정을 거치면서 양복, 한복, 화장품, 핸드백, 밍크코트, 각종 보석류, 현금 등으로 그 품목이 점차 확대됐어. 2010년대 이후엔 가방 하나에 수백만 원씩 하는 명품 위주로 혼수를 꾸리는 커플도 있다니 이젠 가늠할 수 없을 정도가 됐을 거야.

통계청은 2000년대 이후 결혼인구 중 90퍼센트 이상이 웨딩홀에서 결혼식을 올린다는 조사 결과를 발표하기도 했지. 2000년대 이후 봇물처럼 등장한 웨딩 컨설팅 회사는 결혼 문화를 근본부터 바꿔버렸어. 이제, 결혼식을 앞둔 예비부부들은 웨딩 컨설팅 회사의 예식 전문가(웨딩 매니저, 웨딩 플래너, 웨딩 디렉터, 웨딩 컨설턴트)에게 의뢰해 결혼식 준비의 모든 걸 맡기는 경우도 많다고 하네.

일부 업체는 '주례, 축가, 사회'를 패키지로 만들어 판매한다고 해. 자신들의 결혼 준비를 모두 대행업체에 맡긴다고? 다들 바쁘게 사니까 그럴 수도 있겠지만 좀 거시기하네. 비용도 너무 많이 드는 거 같아. 식장 대관료나 '스드메(스튜디오, 드레스, 메이크업)'에 들어가는 비용에도 너무 거품이 꼈어.

그렇지만 경제 불황이 장기화되면서 최근엔 결혼 풍속도가 바뀌고 있다는 언론보도를 접해 반갑네. 과시형 혼수보다 실속형 혼수를 준비하는 예비부부들이 늘고, 복잡한 결혼식보다 자신의 개성을 살려 새로운 형태의 예식을 치르는 거

웨딩드레스를 차려입은 신부의 모습(1989년)

지. 결혼사진 촬영부터 예식까지 스스로 해결하는 '셀프 웨딩'도 늘었다고 해.

예식장 대신 공공기관을 빌리고 사진도 재능 기부를 받아 촬영하는 '친환경 결혼식'도 있어. 다이아몬드 반지 대신 커플링으로 예물을 간소화하는 커플들도 적지 않아. 사치스럽고 천편일률적인 결혼식을 거부하고 개성을 살리는 결혼식을 하는 거 같아.

최근엔 가까운 지인만 초대해 신랑 신부가 원하는 대로 결혼식을 기획하는 '하우스 웨딩'도 는다고 해. 스타들도 '작고 은밀하게 스스로(Small, Secret, Self)' 준비하는 '3S 웨딩'을 하는 경우가 늘고 있어.

"결혼을 반드시 할 필요는 없다." 통계청의 2015년 조사에서 국민 열 명 중 네 명이 이렇게 응답했다는 거야. 요즘 대학생들을 취업, 결혼, 출산을 포기했다는 뜻에서 '3포 세대'라고 한다지만, 왜들 결혼을 안 하려고 하는지 걱정스러울 뿐이야. 2015년 10월 18일, 정부에서는 제3차 저출산·고령사회 기본계획을 발표했는데, 비혼(非婚)과 만혼(晩婚) 경향을 저출산의 근본 원인으로 지적했어.

그래서 결혼하기 좋은 여건을 만들기 위한 대책으로 미혼 남녀에게 단체 맞선 프로그램을 추진하겠다는 거야. 어쩌다 국가에서 개인의 결혼을 걱정하는 상황에까지 이르렀는지 몰라. 우리 조상들은 관혼상제(冠婚喪祭) 중에서 결혼을 가장 중요한 대사(大事)로 생각했지. 사랑하는 사람끼리의 정신적 결합이라는 결혼의 순수성도 많이 희석됐어. 결혼식을 준비하며 본인들이나 부모들이 너무 많은 희생을 치르는 것 같아 구보 씨는 안타까울 뿐이야.

결혼 준비가 아닌 결혼식 준비에 모든 것을 쏟는다고나

할까. 그러다 보니 두 사람의 행복한 미래 설계는 뒷전으로 밀려나버렸어. 이젠 결혼식 준비보다 결혼생활 준비를 제대로 했으면 싶어.

주식과 부식

아무리 변했다 해도 입맛이 너무 달라졌어

구보 씨가 열 살 때 뭘 먹었는지 더듬어 생각해보니 보리
밥과 짠지밖에 안 떠올라. 어린 나이에 조국 광복이나 해방
이 뭔지나 알았겠어? 허기진 배를 채우면 그날은 땡잡은 거
지. 보리개떡에 된장국, 소금에 절인 무짠지를 주로 먹었어.
감자나 옥수수도 자주 먹었어. 그래도 우리 집은 조금 형편
이 나아 그나마 다행이었지. 하루 두 끼 먹은 친구들도 많았
어. '물배'라는 말 들어봤어? 물로 배를 채운 거지. 미군정을
거쳐 1948년에 정부가 수립됐지만 곧 6·25 전쟁이 일어났

밀가루 배급을 타 가는 광부 가족(1964년, 「동아일보」DB)

고 굶주림은 계속되었지. 전쟁 통에는 미군 부대에서 흘러나
온 음식 찌꺼기를 모아 끓인 꿀꿀이죽을 먹었어. 요즘 젊은
이들은 입도 못 대겠지만 그 구수한 냄새를 지금도 잊을 수
없어.

　전쟁이 끝나고 나서는 옥수수죽이나 수제비를 많이도 먹
었지. 미국이 식량 원조를 해준 거야. 동회나 면사무소 앞뜰
에 쌓인 밀가루 포대가 아직도 눈에 선해. 한·미 국기를 배
경으로 두 손이 악수하는 장면이 그려진 갈색 포대 말이야.
아버지가 배급받은 포대를 열면 밀가루나 옥수수 가루가 가
득 들어 있었어. 어머니는 그걸로 죽을 쑤거나 수제비를 뜨
고 찐빵도 만들어주셨지. 그때의 찐빵 맛은 요즘의 무슨 베

이커리 빵 저리 가라야. 밀가루가 배급되자 물로 끼니를 때우던 친구들도 점점 줄어들었지. 하지만 1960년대 초까지도 식량난이 극심했던 것 같아.

"진지 잡수셨습니까?" "밥 먹었니?" 구보 씨가 10대 때는 어른이나 친구를 만나면 늘 이렇게 인사했어. "안녕하세요?" 는 그다음 문제였지. 끼니 걱정이 없을 때나 하는 인사법 아니겠어? 정부에서 제1차 경제개발 5개년 계획(1962~1966)을 추진하자 식량 문제는 좀 나아졌던 거 같아. 그런데도 해마다 흉작이 계속되었지. 여전히 쌀이 부족할 수밖에. 그래서 귀한 쌀밥을 '옥(玉)밥'이라고도 했어. 생일이나 제사 때 겨우 쌀밥 구경하는 집도 많았으니까. 그러자 정부에서는 혼·분식을 하라고 강조했지.

꼬꼬댁 꼬꼬 먼동이 튼다~
복남이네 집에서 아침을 먹네.
옹기종기 모여앉아 꽁당 보리밥
꿀보다도 더 맛 좋은 꽁당 보리밥
꿀보다도 더 맛 좋은 꽁당 보리밥
보리밥 먹는 사람 신체 건강해.

이건 「혼·분식의 노래」 가사야. 구보 씨가 서른에 접어들어 가정을 꾸리던 1960년대 중반부터 시작해서 1970년대 내내 전국 학교에서는 이 노래를 불렀어. 쌀만 먹지 말고 반드시 보리를 섞어 먹어야 한다고 했지. 모든 음식점에서는 밥에 25퍼센트 이상의 보리쌀을 섞는 등 잡곡과 면류를 25퍼센트 이상 혼합해 팔아야 했고, 학교에서는 점심때마다 쌀밥에 보리 등 잡곡이 25퍼센트 이상 섞여 있는지 도시락 검사를 했어. 혼·분식을 안 하면 점수를 깎는 일도 있었으니까. 정부에서는 혼·분식이 애국의 길이라는 캠페인을 전개하며 전 국민을 대상으로 국가 동원 체제를 가동했던 셈이지.[6] 지금 정부에서 하는 쌀 소비 촉진 운동을 보면 구보 씨는 만감이 교차하지. 정말 세상 많이 좋아졌어.

근대 이후 유입된 여러 가지 새로운 식품 중 대표 식품으로 우유, 국수, 빵, 라면, 맥주를 꼽을 수 있어. 이것들은 행동문화, 물질문화, 정신문화의 특성을 띠고 우리 식생활에서 재생산되었다고 보면 돼.[7] 라면 맛은 첫 키스의 추억과도 같았지. 구보 씨가 알아본 바, 1963년 일본에서 기술을 도입해 개발한 '삼양라면'이 우리나라의 라면 제품 1호야. 정부의 혼·분식 장려 정책에 딱 맞아떨어졌고, 개당 가격이 10원이라 인기가 정말 대단했지. 밥을 대신할 대중 식품으로 떠오른 거야. 점점 저 지긋지긋한 '보릿고개'를 벗어나기 시작하더니 1971년에 통일벼가 개발되어 쌀 수확량이 엄청 늘어났

혼·분식을 장려했던 농림부와 보건사회부의 포스터(1970년대)

어. 그래서 쌀밥도 마음대로 먹을 수 있었고, 이런저런 밀가루 음식도 같이 먹었지.

그러다가 1970년대에 접어들어 해외 교류가 확대되면서 점점 더 음식 수준이 높아졌지. 짠지나 보리밥은 거의 쳐다보지도 않고. 공업화가 계속되면서 집에서 밥만 하던 여성들이 일터로 나가기 시작했어. 당연히 집밥보다 외식을 하는 경우가 늘어났지. 1979년 서울 소공동에 롯데리아 1호점이 문을 열었을 때 구보 씨도 햄버거를 사 먹어봤어. 개당 450원이었지. 우리나라에 서구식 인스턴트 음식이 첫 테이프를 끊었던 거야. 이런 패스트푸드는 젊은이들에게 엄청난 인기를 끌었어. 안타까운 일이지만 우리네 식생활이 빠르게 서구 입맛에 길들여지게 된 거야. 1986년 아시안게임과 1988년 서울올림픽은 우리 입맛이 급격히 서구화되는 결정적 계기가 되었을 거야.

그리피스(William E. Griffis)가 쓴 『은자의 나라 한국』(1882)이라는 책[8] 제목을 들어본 적이 있을 거야. 그 책에서는 한국인의 대식(大食) 습관을 이렇게 설명하고 있어. "밥 많이 먹는 것은 자랑스러운 일이며, 잔치의 평가는 음식의 질이 아니라 양에 있다. 말을 하다가는 한입 가득 먹을 수 없어 식사 중 거의 말이 없다. 조선 사람들은 언제든지 먹을 준비가 돼 있다."

음식의 양보다 질을 추구하는 요즘 세태에 비춰보면 구보 씨는 놀라울 뿐이야. 고칼로리 음식을 자주 먹다 보니 이제 우리는 비만을 걱정하게 된 거야. 1990년대 후반부터는 동서양의 재료와 조리법을 섞어 만든 '퓨전' 요리가 유행하더니 푸드 스타일리스트라는 직업까지 등장했어. 퓨전 요리로도 부족해서 이제는 '웰빙' 요리야. 어떻게 하면 살이 안 찌면서도 맛있게 먹을까를 궁리하는 거지. 자연식과 전통식에 대한 관심이 정말로 대단한 것 같아.

우리가 그만큼 발전한 거야. 그런데 보리밥과 짠지만 먹고 자라던 구보 씨 입장에서는 다 좋은데 아쉬운 구석이 딱

하나 있어. 외식을 자주 하다 보니 '복남이네'처럼 가족끼리 옹기종기 모여 앉아 밥 먹는 자리가 점점 줄어든다는 거야. 외식이 편하긴 하지만 좋은 식재료를 골라 정성껏 음식을 만들던 우리 고유의 부엌문화가 사라지는 것 같아서 말이야. 생각해보면 없는 살림에도 어떻게든 맛있게 밥상을 차리려고 있는 정성 없는 정성 다 쏟으신 어머니는 최고의 푸드 스타일리스트셨어. 구보 씨는 어머니의 그 손맛이 정말 그리워.

조미료가 '약념'을 잃는다면 큰일이야

요즘 TV 채널을 돌리면 '먹방(먹는 방송)'과 '쿡방(요리하는 방송)'이 여기저기서 튀어나오더라고. 저절로 입맛을 다시게 돼 구보 씨는 행복할 뿐이야. 근데 그거 아는지? 아무리 재료가 좋아도 조미료가 젬병이면 맛을 낼 수 없다는 거. 그래서 조미료 이야기를 해볼 참이야.

우리 음식은 종류도 많지만 조리할 때 조미료에 따라 맛이 다 달라. 맛을 낼 때 간장, 된장, 설탕, 파, 마늘, 깨소금, 참기름, 후춧가루, 고춧가루 등 온갖 것 다 넣지. 우리나라 사람들처럼 입맛이 까다로운 국민도 없을 거야. 서양 음식은 너무 단조로워. 스테이크만 해도 찍어 먹는 소스 정도가 겨우

양념이겠지. 옷이나 집은 서양식으로 다 변했어도 음식은 그래도 우리 것이 많이 남아 있어.

감칠맛, 구수한 맛, 우러나는 맛, 착 달라붙는 맛 등 맛을 설명하는 말도 많아. 젓갈이나 양조식초는 알칼리성 건강식품이고, 된장이나 청국장은 필수 아미노산의 집합체라고 해. 고추장도 대단해. 고추의 매운맛, 찹쌀의 단맛, 소금의 짠맛이 섞여 발효돼 새 맛이 생기는 거야. 식초를 넣어 묽게 한 초고추장 맛 좀 생각해봐. 산뜻하게 맵고 구수하면서 알싸한 게 우리 맛의 극치가 아니겠어?

해방이 되기 전, 구보 씨가 어렸을 때만 해도 일본의 아지노모도(味の素)가 조미료의 대세였지. 구보 씨가 태어나기도 전에 나온 조미료 신문 광고를 본 적이 있는데, "닞지(잊지)마라 한 사시('사시'는 일본어로 숟갈) 여자의 수치"(1936년 8월 12일, 「조선일보」) 같은 광고야. 찌개를 끓일 때 아지노모도를 잊는다는 것은 여자의 수치라는 내용이야. 이 조미료 때문에 사실 조선인의 입맛이 일거에 표준화됐다고 해.[9] 먹을 게 없었던 해방 직후엔 간장, 된장, 고추장 같은 재래식 장류 이외의 인공 조미료란 꿈이고 사치였지. 정말 먹을 게 없던 시절엔 달걀 한 꾸러미나 조미료 세트로 마음을 전달하던 때도 있었지. 1960년대엔 설탕, 조미료, 밀가루 같은 '삼백(三白)식품'이 선물 품목으로 인기가 좋았으니까.

아지노모도 광고(1936년 8월 12일, 「조선일보」)

　국내 인공 조미료는 1955년 대성공업사가 '미소미'라는 이름으로 생산하면서 시작됐지만, 1956년 '미원'이 나오면서 대중화됐어. 사실상 국산 조미료 1호인 발효 조미료 미원은 주부들의 요리 필수품으로 거의 반세기 동안 부엌을 지켜왔지. 조미료 장사가 잘되자 '미왕' '선미소' '미영' '일미' '천일미' 같은 제품도 나왔어. 지금의 CJ 전신인 제일제당에서 1963년 '미풍'을 내놓자 우리나라 조미료 시장은 크게 둘로 나뉘었어. 그때 달걀 한 줄 값에 온 가족이 한 달 동안 맛있는 식사를 즐길 수 있다는 광고가 많았지. 당시엔 MSG라는 화학 성분으로 조미료를 만들었다는데, 그게 그렇게 인기였지.

그 뒤 각종 동식물 원료를 섞어 만든 다시다(1975), 맛나(1982)와 핵산 조미료, 백설표 조미료(1985) 등으로 조미료가 천연 고급화됐어. 1인당 연간 인공 조미료 소비량이 1963년에 일본의 7분의 1, 대만의 4분의 1에 불과했는데, 1990년엔 하루 3.8그램으로 세계 1위를 차지하기도 했어.[10] 소비자단체인 '소비자 문제를 연구하는 시민의 모임'은 화학조미료가 인체에 유해하다며 1991년부터는 10월 16일을 '화학조미료 안 먹는 날'로 정하고 해마다 대대적인 캠페인을 벌이기도 했어.

국민 입맛을 잡기 위한 조미료 전쟁도 유명하지. 조미료 전쟁은 1960~1970년대의 발효 조미료, 1980년대의 종합 조미료, 2000년대 천연 조미료를 놓고 해당 업체들이 벌인 세 번의 전쟁이야. 국내 조미료 제품은 1세대(미원), 2세대(다시다), 3세대(산들애, 맛선생)로 변해왔어.

삼성그룹 창업주 고(故) 이병철 회장은 『호암자전』(1986)에서 미원을 이렇게 평가했어. "세상에서 내 맘대로 안 되는 세 가지. 자식 농사와 골프 그리고 미원"이라고. 미원과 미풍 간 1세대 전쟁이 그만큼 치열했다는 뜻이지. 그런데 2010년 이후엔 액상발효 조미료를 놓고 식품업체들이 치열한 경쟁을 벌이고 있어. 4세대 조미료 전쟁이 일어난 셈이지. 식품업

조미료의 기사형 광고(1988년 10월 6일, 「경향신문」)

계에선 4세대 '맛 대전(大戰)'이라면서 조미료의 춘추전국시대가 다시 시작됐다고 호들갑을 떨더군.

왜 호들갑이라고 하느냐면, 우리네 전통 조미료의 깊은 맛이 점점 사라지는 것 같아서 말이야. 사실 우리나라는 전통적으로 향토 음식이 발달했어. 향토 음식은 서울, 경기도, 강원도, 충청도, 경상도, 전라도, 제주도, 황해도, 평안도, 함경도의 음식으로 구분해. 각 지역 특산물을 식재료로 쓰는데, 재료라고 해봐야 얼마나 차이가 나겠어? 다 그 지역 특색과 기후에 따라 달라지는 조미료 맛 때문이지. 집집마다 음식 맛이 다른 것도 발효 조미료 때문이지.

예를 들어 간장은 짠맛을 그다지 짜게 느끼지 않도록 발효시킨 거야. 각 지역의 물맛이나 기후 조건에 따라 다른 맛이 나는 거지. 내가 어릴 때만 해도 집에서 어머니가 된장, 간장, 젓갈, 청국장, 고추장, 식초 등을 다 담그셨어. 햇살과 바람, 물과 미생물의 작용에 따라 발효되면서 여러 가지가 어우러져 '천태만상의 맛'을 연출하는데, 요즘엔 천연 조미료든 액상 조미료든 다 공장에서 만든 거라 그런 게 없어. 조선 영조 때의 실학자 유중림 선생은 『증보산림경제(增補山林經濟)』(1766)에서 "장(醬)은 장(將)"이라고 하셨어. 장은 맛의 장군이란 말인데, 우리에게 가장 귀한 조미료라는 뜻이겠지.

원래 우리 음식에서는 약식동원(藥食同源) 사상을 귀중히

여겼어. 좋은 식재료나 조미료로 만든 음식은 약이 된다는 거야. 양념은 한자어인 약념(藥念)에서 온 말인데, 원래 뜻처럼 몸에 이로운 약이 되도록 조미료를 써야겠다고 생각해야 겠지. 그런데 구보 씨는 인공 조미료들이 '약념'을 잃어버린 것 같아 안타까워. 세월의 변화에 따라 조미료가 변하더라도 전통 조미료의 깊은 맛을 지켜나가길 바랄 뿐이야.

아이스께끼 맛 생각하니 침이 고이네

여름이 오면 사람들이 빙과류를 엄청 찾게 되지. 숨이 턱턱 막힐 정도로 날씨가 무더워지면 아이스 제품만 한 것도 없으니까. 손자 녀석은 벌써부터 아이스크림을 사달라고 야단이네. 그동안 빙과류가 어떻게 변해왔는지 말해볼까 싶어.

해방의 그날, 조국 광복이 뭔지도 모르던 열 살짜리 소년 구보는 어른들을 따라 거리에 나가 만세를 불렀지. 그날도 햇볕이 쨍쨍했어. 내가 땀을 너무 흘리자 아버지는 구루마(손수레)로 가서 얼음과자를 사주셨어. 너무 맛있어 마파람에게 눈 감추듯 후딱 해치웠지. 얼마 지나지 않아 설사가 시작돼 호떡집에 불난 듯 계속 변소를 왔다 갔다 했어. 그때의 얼음과자는 먹고 나면 배탈이 많이 났는데 대장균이 우글거렸

아이스께끼 판매 상자(1968)

기 때문이었을 거야. 나중에 보니 그 무렵 신문 사회면엔 불량 얼음과자 기사가 어김없이 등장해.

1950년대도 마찬가지였는지 당시 보건부에서 엄중 단속한다는 신문 기사가 있어. "빙과업자 등 시급(時急) 신고 수속하라. 요사히(요사이) 빙과 빙수를 비롯하여 위생상 불결한 원료 유해 유독한 색소향료 감미 사용한 각종 음식 판매하고 다구나(더구나) 하등의 위생상 장비도 가추지 안고 잇슴(갖추지 않고 있음)에 비추어 보건부에서는 엄중히 단속하기로 되었다 한다."(1951년 6월 7일, 「동아일보」)

업자들이 비용을 아끼려고 비위생적인 천연 얼음으로 얼음과자를 만들자, "천연빙 사용 말라 빙과업자에 엄달(嚴達:

명령이나 통지 따위를 엄중히 전달함)"(1955년 6월 2일, 「동아일보」)
했다는 기사도 있어.

"아이스께~ 끼! 아이스께~ 끼!" 아직도 귓가에 쟁쟁하지
않아? '아이스께끼(아이스케키)'는 1960년대에 국내에서 팔던
빙과류(Ice Pop)를 가리키던 말이야. 아저씨들이 나무 아이스
박스에 막대기를 잔뜩 꽂아 넣고 소리치며 팔았는데, 향료와
사카린을 섞은 물에 막대기를 꽂아 얼려 만든 거야. 아이스
께끼가 아이스케이크(Ice Cake)의 일본식 발음(アイスケーキ)이
라고 말하는 사람도 있지만 어디까지나 속설이야. 일본에서
는 아이스캔디로 부르거나 줄여서 그냥 아이스라고 하거든.

아이스께끼가 사라지자 '하드'가 나타났어. 1962년 삼강
산업의 '삼강 하드'가 나온 다음부터일 거야. 진짜인지 어쩐
지 모르겠지만 국내 최초로 위생 설비를 도입했다고 대대적
으로 알렸는데 어쨌든 아이스크림 시장에서 대단한 인기몰
이를 했었지. 1962년 식품위생법이 공포되고 1968년에 빙
과류 식품 규격 기준이 마련되자, 소규모 아이스께끼 업자들
은 된서리를 맞고 자취를 감췄어.[11] 그 후 우리나라 빙과시장
은 롯데제과, 해태제과, 빙그레, 롯데삼강(현 롯데푸드)이라는
네 회사가 서로 주도권을 잡으려고 수십 년 동안 전쟁을 벌
이고 있어.

1970년대 초반 국내 빙과시장은 부라보콘(1970)이나 투

게더(1974) 같은 고급 아이스크림과 아맛나(1972)나 비비빅
(1975) 같은 바(Bar) 제품으로 양분됐지. 우리 처지에선 아이
스크림을 골라 먹는 재미가 더 쏠쏠해졌던 거지. 부라보콘
은 한국 아이스크림의 역사라고 할 수 있어. 해태제과에서
1970년 4월 세상에 첫 선을 보였으니까. 부라보콘은 맛도 좋

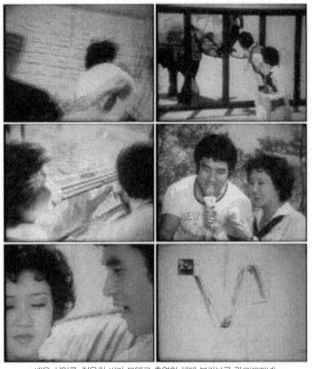

배우 신일룡, 정윤희 씨가 모델로 출연한 해태 부라보콘 광고(1978년)

았지만 생김새도 독특했어. 나무 막대기에 얼음덩이를 꽂은 '하드' 형태에서 깔때기 모양의 '콘' 형태로 바뀐 거야.

"12시에 만나요, 부라보콘. 둘이서 만나요, 부라보콘. 살짝쿵 데이트, 해태 부라보콘." 가수 김세환 씨가 불러 지금도 많이들 기억하는 불후의 CM송이지. 짓궂은 친구들은 이 노래를 개사해 바꿔 부르기도 했어. "12시에 풀어요, 부라자(브래지어) 끈. 둘이서 풀어요, 부라자 끈~"이라고 바꿔 부르며, 휘휘~휘파람을 불기도 했었지. 한때 콜레라 감염병이 돌아 모든 빙과류의 판매가 금지됐지만 어찌된 영문인지 부라보콘만 예외였던 적도 있어.

그러고 나서 쮸쮸바의 시대가 왔어. 사람들이 아는 것과 달리 최초의 쮸쮸바는 롯데삼강의 쮸쮸바가 아니라 삼립식품의 아이차였어. 1974년 여름에 아이차가 나오자 대박이 났었지. 얼음이 든 튜브를 손에 쥐고 과즙이 든 시원한 얼음물을 빨아 마시는 '튜브'형 아이스크림이 등장한 거야.[12] 1976년 롯데삼강에서 내놓은 쮸쮸바에 이어 맛기차(해태), 아차차(롯데), 차고나(서울우유), 차차차(대일유업) 같은 카피 제품들이 막 쏟아져 나왔어. 여기저기서 "쮸쮸루쮸쮸쭈~" 빨며 대단했었지. 막 산 쮸쮸바 꼭지를 내밀며 "아저씨, 잘라주세요" 하면서 그 순간을 못 참아 침을 꼴딱 삼키던 어린애들의 모습이 눈에 선하네.

1981년에 나온 100원짜리 빠삐코는 50원짜리 쮸쮸바보다 더 고급스러워졌는데, 쮸쮸바의 과일 맛이 아닌 진한 초콜릿 맛이 났어. 1983년엔 빨아 먹지 않고 둥글게 생긴 용기의 밑을 눌러 먹는 까리뽀와 폴라포도 나왔어. 빠삐코는 1989년 박수동 화백의 '고인돌' 캐릭터를 활용한 광고가 인기를 끌어 절정에 올랐어. "빠~빠라빠~빠빠~ 삐삐리 삐삐코 ~ 빠!삐!코! 더울수록 시원한 맛 삼강 빠삐코, 하늘 보고 땅을 보고, 올여름 더위는 빠삐코에 맡겨다오~ 다오~ 다오." 이 밖에 지금까지도 인기 있는 월드콘(1986), 커피 맛이 진한 더위사냥(1989), 둥근 고무 용기를 채택한 거북알(1998) 같은 아이스크림이 한 시대를 풍미했지.

1970년 4월부터 세상에 나온 해태 부라보콘, 1973년 1월부터 발매한 빙그레 투게더, 1985년 1월부터 출시한 롯데 꽈배기 스크류바는 10년 이상 장수한 아이스크림으로 언론의 집중 조명을 받기도 했어.[13]

2003년에 새로 나온 설레임(雪來淋)과 2005년 출시된 토마토마 역시 엄청나게 많이 팔렸을 거야. 그 무렵 하겐다즈, 배스킨라빈스, 나뚜루 같은 외국 제품을 찾는 사람들도 점점 많아졌어. 취향이 조금씩 더 고급화된 거지. 요즘은 설빙(雪氷) 같은 고급 빙수 브랜드가 인기를 끈다고 해. 구보 씨도 먹어봤는데, 얼음을 밀가루처럼 몽글몽글하게 빻아 부드럽고 맛이 좋더라고. 그래도 해방된 그날 아버지가 사주신 얼음과자 맛보다는 못하지.

2015년에 롯데푸드는 추억의 아이스바 '삼강하드'를 재출시했고, 해태제과는 부라보콘 탄생 45주년을 기념해 '부라보콘 스페셜 에디션'을 선보여 폭발적 인기를 끌었어. 두 제품 모두 출시된 지 한 달도 채 지나지 않아 다 팔렸다고 해. 더 고급스러운 아이스크림도 많은데 옛날 스타일이 잘 팔리는 걸 보면 지나온 날에 대한 향수는 어쩔 수 없나 봐. 아이스크림이 아무리 고급화돼도 사람들은 추억의 아이스크림을 다시 맛보고 싶은 거겠지. 아이스크림이란 차가운 게 아니라 사랑처럼 따뜻한 것이니까. 우리 혀는 그 사랑을 본능적으로 기억할 테니까.

벗님네들 모여앉아 거나하게 마셔보자

요즘 대학생들 사이에서는 '순하리 처음처럼' 같은 14도짜리 술이 인기더라구. 소주가 달달한 맛이라니 좀 거시기하지. 독하게 취하는 맛에 술을 먹는 건데 좀 이해하기 어려워. 구보 씨가 대학생 땐 28도짜리 소주를 마셨는데 도수가 절반으로 줄었네. 술은 악마가 인간에게 남긴 최고의 선물이래. 신라시대엔 포석정에서 곡수유상(曲水流觴: 굽어서 흐르는 물에 술잔 띄워 주고받기) 하며 놀았는데, 시대 흐름에 따라 술 마시는 기호도 달라졌지.

해방이 되고 나서 아버지 술심부름을 자주 다녔어. 꼬마 녀석이 막걸리 받으러 주전자 들고 양조장에 가면 아저씨들이 "갖고 가다 먹으면 안 돼. 지켜볼 거야." 이랬어. 골목길로 꺾어지기가 무섭게 한 모금씩 홀짝거렸는데, 10대 소년이 술맛을 알았을까만 막걸리를 홀짝홀짝 제법 맛있게 먹었어. 술 양이 줄어든 걸 아셨겠지만 아버지가 뭐라 하신 기억은 없네.

우리나라 전통술은 크게 탁주, 청주, 소주 세 가지야. 탁주는 즉석에서 걸러 마시니 '막걸리'라 하고, 청주는 탁주보다 더 곱게 빚은 고급술이라 약주(藥酒)라 하고, 소주는 고려시대 이후 보급된 가장 독한 전통주야. 1960년대 말까지만 해도 막걸리는 서민의 애환을 달래는 대표 술이었지. 지금도 막걸리는 인기야. 그러기에 막걸리학교 허시명 교장은 "막걸리는 최고의 인간 접착제"라며 찬사를 아끼지 않았어.

막걸리, 소주, 맥주, 청주, 양주, 고량주, 인삼주, 과실주, 약주, 기타 재제주 등 술 종류가 많기도 하지. 충주에 있는 세계술문화박물관 '리쿼리움'에 가보면 100여 나라의 온갖 술이 전시돼 있잖아. 그 많은 술들이 우리의 희로애락과 함께했지. 조선 영조 때 화가 단원 김홍도(1745~1806 무렵)의 「만

김홍도의 「만월대계회도」(1804년)

월대계회도(滿月臺契會圖)」를 보면 거나하게 무르익은 술잔치 장면이 산수화와 풍속화가 중첩되며 한 화폭 속에 절묘하게 구현돼 있어.

1970~1980년대엔 대학생들이 깡소주를 많이 마셨어. 때론 중국집에서 짬뽕 국물 하나 시켜놓고 '빼갈(배갈: 고량주)'을 마시며 시대의 울분을 토하는 학생들도 적지 않았지만, 그래도 '깡소주'가 대세였지. 어두운 시대를 한탄하며 정치 문제를 안주 삼아 깡소주를 많이도 마셔댔어. 그때 아들 녀석이 하도 술을 마셔대기에 안주는 뭘 먹느냐고 물었더니, 친구 자취방에서 새우깡 하나 놓고 마셨다는 거야. "먼저 안주를 든든히 먹어라." 내가 아들 녀석에게 술과 관련해 했던 첫 번째 충고가 아니었나 싶어.

1990년대 이후부터는 소주의 도수도 점점 낮아지기 시작했어. 맥주 마시는 사람들이 대폭 늘어났지. 생맥줏집이 번성하기 시작한 것도 이때부터야. 맥주가 소주보다 더 부드럽게 마실 수 있다고 생각한 사람들이 늘어서였겠지. 직장에서의 회식은 좀 많았어? 술을 빼놓고는 우리네 회식 문화를 말할 수 없어. 보통 1, 2차는 소주나 맥주였지만 3차로 가면 반드시 양주를 마셨지. 회사에서 경험했던 수많은 접대 문화를 생각해봐. 폭탄주를 필두로 양주에 다른 술을 섞어 묘기를 부리는 온갖 제조 기술이 한 편의 무협지 같았어.

술의 신 박카스나 일본에 누룩을 전파해 지금도 일본에서 주신으로 모시는 백제인 수수허리(須須許理)가 환생해도 놀라워했을 묘기 대행진이었어. 다행인지 불행인지 모르겠지만, 최근엔 기업의 회식 문화도 바뀌고 있다고 해. 팀원끼리 공연을 보고 간단히 저녁을 먹는 문화형 회식이나 스포츠를 함께 즐기는 레저형 회식으로 바뀌고 있다는 거야.

맛있는 식당을 찾아다니며 맥주 정도를 간단히 곁들이는 맛집 회식도 유행이라네. 거 뭐냐, '119 운동'이라고 들어봤어? 1차에서 한 가지 술로 밤 9시 이전에 회식을 끝내자는 캠페인이래. 다 좋은데 뭐랄까, 서로 부대끼는 그런 맛이 사라지는 것 같아 아쉬운 구석도 있어.

해방 이후부터 지금까지, 술 마시는 기호의 변화에서 가장 주목할 만한 부분은 술 잘 마시는 여성들이 대폭 증가했다는 거야. 아직도 현장에서 중소기업을 이끄는 내 친구들이 그래. 요즘 신입사원들과 술자리를 해보면 남자들보다 여자들이 술을 더 잘 마신다는 거야. 물론 다 그렇다고 보편화할 수는 없겠지만 술 잘 마시는 여성이 늘어난 것만은 분명해. 아니, 해방 직후에도 마시고는 싶었겠지만 아마도 사회적 분위기 때문에 대놓고 마시지 않았다는 게 맞는 말이겠지. 그리고 청소년의 음주 횟수가 늘고 있는데, 이는 구보 씨가 아버지의 막걸리를 홀짝거렸던 경험과는 질적으로 다른 문제야.

막걸리학교 허시명 교장(왼쪽)과 우리 전통주에 대해 인터뷰하는 필자(2016년)

술 광고 관련해서도 할 얘기가 많아. 텔레비전에서는 밤 10시 이후에만 술 광고를 할 수 있어. 술이 필요하긴 하지만 청소년에게 끼치는 부정적 영향이 크니까 나름대로 규제를 한 거야. 2015년엔 만 24세 미만의 연예인은 술 광고를 할 수 없도록 해서 '연령제한법(일명 아이유법)'으로 불리는 국민건강증진법 개정안이 국회 상임위원회를 통과했지만 본 회의에는 통과하지 못했어.[14] 만 24세 이하는 술 광고 모델을 금지하기 때문에 아직 그 나이가 안 된 가수 아이유가 광고 모델이 될 수 없다는 거지. 그래서 왜 하정우는 되고 아이유는 안 되냐, 24세 미만에게 광고 모델을 금지하면 청소년들

이 과연 술을 안 먹을까, 하며 이런저런 반론도 있었지. 국민
건강증진법 개정안은 술 광고에 어떻게 접근할 것인지를 놓
고 여전히 뜨거운 감자로 취급되고 있어. 어쨌든 술 광고에
대한 규제는 나름대로 이유가 있어. 이 또한 시대에 따라 점
점 변해가지 않을까 싶어. 그래, 술을 안 먹을 수는 없어. 잘
만 먹으면 얼마나 좋겠어?

영화 「서편제」(1993)에서도 벗님네들과 서로 모여 앉아
서 술 마시고 놀자는 대목이 나오잖아. 이 영화에 친한 벗들
과 술 마시고 놀아보자는 「사절가(四節歌: 사철가)」가 빠진다
면 앙꼬 없는 찐빵이지 않겠어? 40여 년이나 사귄 내 오랜
친구는 전라남도 완도에서 배를 타고 「서편제」 촬영지인 청
산도에 다녀왔다고 자랑하더라구. 구보 씨도 벗님의 손을 잡
고 청산도에 다시 가서 「사절가」도 부르면서 술을 거나하게
마시고 질펀하게 놀고 싶어. 김수연 명창이 구성지게 불러서
더 유명해진 「사절가」의 판소리 사설을 한번 소개해볼게.

이 산 저 산, 꽃이 피니 분명코 봄이로구나.
봄은 찾아왔건마는 세상사 쓸쓸허드라.
나도 어제 청춘일러니 오날[15] 백발 한심허구나.
내 청춘도 날 버리고 속절없이 가버렸으니,
왔다 갈 줄 아는 봄을 반겨헌들 쓸데 있냐.

봄아, 왔다가 가려거든 가거라.

늬가 가도 여름이 되면 녹음방초승화시(綠陰芳草勝花時)[16]라.

옛부터 일러 있고, 여름이 가고 가을이 돌아오면

한로삭풍(寒露朔風)[17] 요란해도

제 절개를 굽히지 않는 황국단풍(黃菊丹楓)[18]도 어떠헌고.

가을이 가고 겨울이 돌아오면,

낙목한천(落木寒天)[19] 찬바람에

백설만 펄펄 휘날리어 은세계가 되고 보면,

월백(月白) 설백(雪白) 천지백(天地白)허니

모두가 백발의 벗이로구나.

무정세월은 덧없이 흘러가고,

이 내 청춘도 아차 한번 늙어지면 다시 청춘은 어려워라.

어와~ 세상 벗님네들, 이 내 한 말 들어보소.

인생이 모두가 백년을 산다고 해도,

병든 날과 잠든 날, 걱정 근심 다 제허면 단 사십도 못 살 인생

아차 한번 죽어지면 북망산천(北邙山川)[20]의 흙이로구나.

사후에 만반진수(滿盤珍羞),[21]

불여생전(不如生前) 일배주(一杯酒)[22]만도 못허느니라.

세월아, 세월아, 세월아, 가지 말어라.

아까운 청춘들이 다 늙는다.

세월아, 가지 마라. 가는 세월 어쩔거나.

늘어진 계수나무 끝끝어리에다 대랑 매달아놓고

국곡투식(國穀偸食)[23] 허는 놈과

부모 불효 허는 놈과 형제 화목 못 허는 놈,

차례로 잡어다가 저 세상 먼저 보내버리고,

나머지 벗님네들 서로 모아 앉어서

'한 잔 더 먹소, 그만 먹게' 허면서,

거드렁거리고 놀아보자.

　죽은 다음에 차려진 어떤 진수성찬도 생전의 한 잔 술만
못하다며 한번 놀아보자니, 어때 술맛 나지 않겠어? 구보 씨
도 벗님들과 더불어 "한 잔 더 먹소, 그만 먹게!" 하면서 대
차게 한판 놀아볼 거야. 이럴 땐 '순하리'보다 '독하리'가 더
나을 거야. 그렇지만 막걸리학교 허시명 교장이 제시한 "술
이 떡이 되지 말고, 술이 덕(德)이 되게 하라"[24]는 주당의 계
명도 마음에 새겨가면서 마셔야겠지. 먹고, 마시고, 놀기! 우
리네 인생에서 정말로 중요한 세 가지야.

잔치와 모임

운동회를 다시 온 마을 잔칫날로 하자

가을이 오면 어김없이 전국체육대회를 비롯한 여러 체육 행사가 여기저기서 열리지. 직장이나 단체들도 직원 단합을 위해 체육 행사를 열 것이고, 학교에서도 운동회를 하겠지. 그래서 이번엔 운동회 이야기를 해볼까 싶어. 운동회는 소풍과 더불어 초등학교(옛 소학교, 국민학교) 시절을 대표하는 추억이니 즐겁던 기억의 공간으로 함께 떠나보자고.

개화의 물결이 넘실대던 1896년 5월 2일, 조선 수도 한성의 동소문 밖 삼선평(三仙坪: 지금의 서울 성북구 삼선교 근처) 들녘의 공터에서 '화류회(花柳會)'라는 이름의 낯선 운동회가 열렸다고 해. 제1회 아테네 올림픽(1896년 4월 6일)이 열린 지 한 달도 안 된 시점이었는데, 우리나라 최초의 운동회였다고 하네. 관립 영어학교 학생들은 300보와 600보 달리기, 공 던지기, 대포알 던지기(투포환), 멀리뛰기, 높이뛰기를 했다는 기록이 있어. 여학생들의 달리기는 엄청난 사회적 파문을 일으켰어. 달리기하는 여학생의 치마 말이 흘러내려 고쟁이가 노출되자 기겁을 해서 집으로 도망쳐 들어가 두문불출했다는 거야. 그래서 달리기를 '말세의 패속(敗俗)'이라고 개탄하는 상소문이 빗발치기도 했어. 1908년엔 초대 통감 이토 히로부미(伊藤博文)가 "학교 운동회는 국가 방어상으로 하등의 이익이 없다. 그런데도 이를 장려해 배일주의를 고취시키는 악책 졸책은 하등 한국을 위해 이익이 되지 않는다"며 운동회 금지령을 발표하면서부터 운동회는 일제에 의해 강제로 폐지되었지.[25]

"청군 이겨라! 백군 이겨라!" 지금의 40~50대는 운동회 하면 가장 먼저 이 구호가 떠오를 거야. 구보 씨가 일제강점기에 소학교 다닐 땐 청군과 백군이 아닌 홍군과 백군의 대결이었어. 일장기의 흰색 바탕과 빨간색 히노마루(日の丸)를 상징했던 거야. 해방 이후부터 청군과 백군의 대결이 됐지.

해방 이후에도 한동안 운동회가 자주 열리진 못했어.

1965년만 해도 서울 시내 160개 초등학교 대부분이 운동회를 안 했어. 표면적으론 2~3부제 수업 때문에 학생들이 한꺼번에 운동장에 모일 수 없다는 이유를 댔지만 실제론 운동회 비용을 걷기 어려워서였어. 당시엔 학부모에게서 운동회 비용을 징수했거든. 시골도 사정은 마찬가지였고, 정부도 그다지 적극적으로 권고하지 않았어.

1975년엔 정부의 '서정쇄신(庶政刷新: 1970년대 공무원 사회의 부조리를 일소해 건전한 국민정신을 진작시키려던 정신 개혁 운동)' 시책에 따라 학부모로부터 찬조금을 걷는 폐단을 없앤다는 명목으로 운동회를 폐지한다고 했지. 하지만 여론 비판에 밀

1970년대 춘천 중앙국민학교 운동회[26]

려 상품은 주지 않는 운동회를 하라는 조건을 붙여 1976년에 다시 부활했지. 그러자 "국교 운동회에는 어린이들의 다른 것에 비길 수 없는 즐거움과 부푼 꿈이 있다. 한데 운동회에서의 상품 폐지는 어린이들의 부푼 꿈과 즐거움을 송두리째 앗고 마는 결과를 가져올 수도 있다"(1976년 9월 11일, 「동아일보」)며 비판하는 신문 사설이 나오기도 했어.

개인 달리기, 계주, 줄다리기, 박 터뜨리기, 풍선 터뜨리기, 기마전, 기(旗) 뺏기, 투호, 제기차기, 윷놀이, 비사치기(비석치기), 대동놀이, 차전놀이, 텀블링, 곤봉체조가 그 시절 운동회의 주요 종목이지. 신발을 벗고 주먹을 꼭 쥔 채 100미터 달리기 출발선에 서서 출발 신호를 기다리던 순간을 한번 생각해봐. 어린 꼬마 녀석들의 진지함만큼은 우사인 볼트 이상이었을 거야. 어떤 때는 차전놀이나 부채춤 같은 민속놀이 시범도 있었어. 청백 계주는 가을 운동회의 대미를 장식했지. 1학년부터 6학년까지 학년별 대표가 나와 바통을 주고받으며 달리다 떨어뜨리기도 하고 순서도 엎치락뒤치락 바뀌기도 해 어린 가슴을 콩닥거리게 하는 한 편의 드라마일 수밖에 없었어. 뭐니 뭐니 해도 운동회의 백미는 점심시간이었어. 신나게 뛰다 약간 배가 고플 때쯤이면 박 터뜨리기가 시작돼. 오자미(콩을 넣고 꿰매 공 모양으로 만든 주머니)로 박을 맞춰 터뜨리면 '즐거운 점심시간'이나 '혼·분식을 합시다' 같은 문구가

적힌 종이쪽지가 나왔어. 어린이들은 운동장을 둘러싼 포플러나무 쪽으로 달려갔지. 그러면 어김없이 가족들이 기다리고 있었어. 노란색 찬합(도시락)을 열면 평소엔 먹기 어려운 반찬이 그득했어. 김밥이나 사이다는 특히 별미였지.

운동회 날이면 넓은 운동장을 가로질러 만국기가 내걸렸고, 하루 종일 요란한 응원가가 흘러나왔어. 엿장수, 풍선 장수, 솜사탕 장수, 아이스께끼 장수, 각종 뽑기를 파는 장난감 장수 같은 온갖 상인도 모였어. 어린이들은 뭘 먹고 뭘 골라야 할지 어리둥절해졌지. 진행하시는 선생님도 온종일 호루라기를 불면서 분위기를 띄웠으니 모두가 옥시글옥시글 즐

운동회 날 주민들이 힘을 다해 줄다리기하는 광경(1985년, 「동아일보」DB)

거워하는 축제 한마당이었어.

그 후 1980년대를 거쳐 2000년대 초반까지는 꾸준히 운동회가 열린 것 같아. 구보 씨도 손자 녀석 운동회에 간혹 갔는데 대개 비슷비슷했어. 그런데 요즘은 운동회를 잘 안 한다고 해. 내용도 많이 달라져 기존의 일부 종목에 새로 추가한 것들이 많아. 색판 뒤집기, 풍선 탑 쌓기, 줄 뺏기, 볼풀 공 넣기, 통 쌓기, 이인삼각 달리기, 굴렁쇠 돌리기, 훌라후프 돌리며 장애물 넘기, 지네발 달리기, 여왕 닭싸움, 캥거루 릴레이, 손님 찾기, 단체 줄넘기, 피구, 축구 같은 다양한 종목이 어우러지는 스테이션식 놀이마당이 됐다는 거야. 기마전이나 차전놀이 같은 전통 종목이 사라졌는데, 역사의 뒤안길로 사라졌다는 거창한 표현까지 쓸 필요는 없겠지만 정말로 많이 아쉽네.

사실 운동회는 학생 가족은 물론 지역민 모두가 기다리던 공동체의 축제라는 성격이 강했어. 교장선생님, 면장, 지서장이 나란히 단상에 앉아 도란도란 얘기를 나누고, 아장아장 걷는 아이부터 갓 쓴 할아버지까지 모두가 참여하는 축제였으니까. 학교 운동회는 학생들의 애국심을 환기하는 국가적 규율 장치로 활용된 때도 있지만, 무엇보다 지역사회의 잔치 성격이 강한 집단 기억의 공간이었어. 운동회는 꼴찌들의 잔칫날이기도 했어. 공부를 못하는 학생도 이날만큼은 기죽지 않고 당당히 단상에 올라 연필 한 다스(12개)나 공책 한 묶음을 가슴에 안고 내려가는 날이었으니까.

안타까운 건 초등학교 운동회가 점점 줄고 부모들도 딱히 바라지 않는다는 소식이야. 가을 대신에 근로자의 날(5월 1일)이 있는 봄철에 운동회를 여는 곳도 는다며? 학부모 참여를 늘릴 수 있는 현실적 대안이겠지만 가을 운동회의 그 맛은 느끼기 어려울 거야. 안타깝고 아쉽지만 운동회를 없애지는 말고 어떻게든 계속했으면 싶어. 20~30대까지는 '국영수'로 산다면, 40~50대 이후엔 '예체능'으로 사는 거니까. 공부, 중요하지만 정말로 그게 전부는 아니잖아. 어린이들을 운동회 날만이라도 실컷 놀게 했으면 싶어.

추석 때 고향에 못 가면 눈물만 났었지

가을 추(秋) 저녁 석(夕). 사랑하는 사람과 한가위 보름달을 쳐다보며 가을 저녁을 걸어본 적이 언제였던지 기억이 가물가물하네. 해마다 언론에서는 추석에 민족 대이동을 한다며 대대적으로 보도했잖아. 추석엔 차 타고 서두르며 이동만 하지 말고 사랑하는 사람과 가을 저녁에 함께 걸어봤으면 싶어.

해방 직후부터 1950년대까지, 그러니까 구보 씨가 청소년일 때의 추석은 지금과는 너무 달랐지. 추석날엔 소놀이, 거북놀이, 줄다리기, 활쏘기 같은 여러 가지 민속놀이를 했어. 남자라서 참여할 수는 없었지만 멀찍이서 지켜본 강강술래는 아름다운 단체 춤 같았어. 동네 아주머니들은 추석날 밤에 추석빔을 곱게 차려입고 둥글게 손을 맞잡고 마을 공터를 돌았어. 풍요와 다산을 기원하던 강강술래가 그때까지도 계속된 거지.

추석빔도 잊을 수 없네. 어머니가 옷을 사주는 건 일 년에 딱 두 번이었는데 설에 한 번, 추석에 한 번이었지. 집안 사정이 어려우면 건너뛸 때도 있었지만 추석엔 늘 새 옷을 사주셨어.

기차역과 터미널에 선물 꾸러미를 들고 고향으로 향하는 귀성객의 행렬이 이어진 건 아마 1960년대부터 시작됐을 거야. 해마다 추석 때면 정원의 세 배가 넘는 승객들이 타서 열차 바퀴의 스프링이 부러졌다는 신문 기사가 실리기도 했어. 입석표가 있어도 타는 게 불가능했던 사람들은 창문을 열고 들어가 겨우 열차를 타는 일도 허다했어. 탑승한 게 아니라 상자처럼 실려 갔다고 보면 돼. 고향, 그게 뭐라고 그렇게 곤혹을 치르면서까지 가야 하느냐고 요즘 젊은이들이 묻는다면 딱히 해줄 말이 없네.

코스모스 피어 있는 정든 고향역~

이뿐이 곱뿐이 모두 나와 반겨주겠지~

달려라 고향 열차 설레는 가슴 안고~

눈 감아도 떠오르는 그리운 나의 고향역.

열차 선반에 얹혀 가던 추석 귀성객들(1968년 10월 5일, 「동아일보」,DB)

나훈아의 「고향역」(1972) 같은 정서를 요즘 젊은이들이 알 수도 없고 알 필요도 없겠지. 가고 싶었고, 가야만 하고, 못 가면 눈물 나고, 동구 밖에서 누군가 기다리고 있을 것만 같고, 고향이란 그런 곳이야.

시골에선 전국 각지에서 모인 고향 선후배들이 그동안의 안부를 주고받으며 밤새는 줄도 모르고 이야기꽃을 피웠지. 그리고 추석 다음 날이면 어김없이 동네 콩쿠르가 열리는 거야. 마을회관 앞에 스피커를 설치하고 온 동네 사람들이 모여 노래 실력을 뽐내는 빅 이벤트였어. 입상자에게 주는 상품이라고 해봐야 양동이, 세숫대야, 식료품 선물세트 따위였는데, 그 열기만큼은 「나는 가수다」에 나오는 출연자들 이상이었지. 1970년대까지 이어지던 추석 콩쿠르는 마을 공동체의 화합 한마당 축제가 아니었나 싶어.

1980년대부터는 예매 시스템이 본격적으로 갖춰지면서 고속버스나 열차표를 파는 임시 예매소가 마련되기도 했지. 뜬눈으로 밤을 새우며 자리 잡기 경쟁을 하는 바람에 추석을 앞두고 아수라장이 되는 경우가 많았어. 새치기를 하다 걸려 멱살을 잡히는 건 다반사였고, 암표상도 많아 경찰과 공무원들이 사람들을 통제했어.

시골의 부모님이 자식들 보러 서울로 올라오는 역(逆)귀성이 크게 늘어난 것은 1984년 추석을 앞두고부터 시작됐지. 언론은 유난히 그해 추석 무렵 귀성과 귀경의 어려움에 대해 자주 보도했는데, 그래선지 오가며 고생할 자식들을 생각해서 누가 먼저랄 것도 없이 부모들이 그렇게 선택한 거야. 집단적인 자식 배려 현상이었지.

1990년대부터는 본격적으로 핵가족 시대가 정착되면서 추석의 의미도 조금씩 달라지기 시작했어. 2000년 이후엔 '역귀성' 가족이 더 늘어났지. 자식들의 고생을 배려한 부모님이 자청하기보다 자식들이 부모에게 역귀성을 권유하는 경우도 많았어.

서서히 눈을 감아도 고향역이 안 떠오르기 시작한 거야. 조상 묘의 벌초와 차례 상차림을 생면부지의 남에게 맡기고 국내외 휴양지로 떠나는 이들도 엄청 많아졌어. 조상님들은 언제나 너그러우셨으니 다 이해해주실 거라고 양해를 구하며, 귀성객이 아닌 관광객 신분으로 가뿐하게 떠나는 거지. 구보 씨는 이런 세태를 탓하거나 서글퍼할 생각은 전혀 없어. 각자 형편대로 해야지. 다들 열심히 사느라 얼마나 힘들었겠어. "떠나라, 열심히 일한 당신!"이란 광고 문구도 있잖아.

추석 선물도 빼놓을 수 없네. 추석에 주고받는 선물 목록엔 경제상황과 생활상이 고스란히 녹아 있어. 1950년대엔 밀가루, 쌀, 계란 같은 농수산물을 주고받았고, 1960년대부터는 아동복, 속옷, 설탕, 라면이 인기 품목이었지. 이전보다 경제 상황이 좋아진 1970년대엔 치약, 식용유, 와이셔츠, 커피 선물세트, 화장품 세트가 대세였고.

1980년대엔 정육 세트, 지갑, 벨트, 스카프, 1990년대엔 꿀이나 인삼 같은 건강식품이 인기를 끌었고 상품권도 보편화됐어. 2000년대 이후엔 통조림 제품과 조미료 세트가 인기를 끌었지만 고급 와인 같은 좀 더 비싼 선물도 많이 팔려 나갔다고 해. 그러니까 간략히 요약하면 '밀가루→설탕→

1960~1970년대 대표적인 추석 선물이었던 설탕 세트(「동아일보」DB)

치약→정육→꿀·인삼→고급 와인' 순으로 추석 선물의 인기 품목이 변해왔다고 볼 수 있어.

추석 풍경은 변했지만 해마다 추석이 되면 사람들이 고향을 찾겠지. 많은 분들이 전국의 주요 역과 터미널에 몰려 어김없이 발 디딜 틈이 없을 거야. 고향에서 햅쌀밥과 송편 맛있게 드시고 더도 말고 덜도 말고 한가위 같은 넉넉한 마음을 나누셨으면 해. 촌스럽다며 구보 씨를 면박할지 모르겠지만 그래도 말할게. 길 막힌다며 서둘러 올라올 생각만 하지 말고, '가을 저녁(秋夕)'의 삽상한 바람 속을 사랑하는 사람과 걸어보기를 바라네. 정말로 오랜만에!

해마다 망년 아닌 송년 모임을 치르며

연말이 가까워지니 다들 송년회 자리가 많아지겠지. 한 해가 저물어 설을 바로 앞둔 세모(歲暮)에 구보 씨의 수첩에도 고향 친구들, 옛 동료들과의 모임이 잡혀 있어. 아메리카 인디언들은 한 해를 차분히 정리해야 한다며 12월을 '고요한 달'이라고 했다지만, 음주가무를 즐기는 우리나라 사람들이 어떻게 고요하게 보낼 수만 있겠어? 이번엔 송년 모임의 변화에 대해 이야기해볼게.

해방 직후에도 연말이 되면 사람들은 망년회를 했지. 어르신들은 일제강점기의 고생을 잊어버리자며 부어라 마셔라 하며 술을 정말 많이 드셨어. 지금은 송년회라는 말을 주로 쓰지만 일제강점기 땐 '보넨카이(忘年會)'라고 했어.[27] 새해를 맞이해 '근하신년(謹賀新年)'이라고 쓴 연하장을 보내거나 보넨카이를 하는 건 원래 일본의 세시풍속이었지. 당시 망년회 자리에서 어르신들은 식민지 시절의 고생담을 회고하면서 다시는 그런 고생을 하지 말자고 다짐하곤 했어.

6·25 전쟁이 끝나고 1960년대에 접어들어서는 한 해 동안의 궂은일을 잊고 새로운 기분으로 새해를 준비하자며 망년회 자리를 가졌지. 아마 1세대 송년 모임이라고 할 수 있을 거야. 이름은 망년회였지만 술을 하도 많이 마셔 '술년회'라고도 했지. 성인 남성의 망년회 풍경이 대강 그랬었다는 말이야. 한 해 동안의 나쁜 일을 모두 잊어버리자고 다짐하는 것까지는 좋았지.

그런데 누가 만들어낸 말인지 모르겠지만 '꼭지가 돌 때까지(이성을 잃을 때까지)' 마셔야 궂은 일이 완전히 사라진다며 계속 술을 마셔댄 거야. 1차, 2차, 3차, 4차…. 마시다 보면 술상에 폭 고꾸라지는 사람도 많았어. '필름이 완전히 끊기는(기억이 나지 않는)' 일이 다반사였고, 때로는 사망 사고도 일어났어.

1970년대에도 망년회는 거의 술로 시작해 술로 끝나는 경우가 많았어. 발바닥에 땀나도록 일했으니 구두에 술을 따라 마시며 한 해를 정리해야 그 액땜을 한다고 했지. 회사의 망년회 자리에선 남자 구두는 바닥이 지저분하고 퀴퀴한 냄새가 나니까 여사원 하이힐에 술을 따라 한 잔씩 돌리는 일이 많았어.

딱 한 대만 피우고 담배를 끊자면서 참석자 모두가 마지막으로 담배를 일발 장전한 다음 재떨이에 술을 따라 돌리기도 했지. 그렇게 굳게 결심해도 작심삼일이 되기 일쑤였지만. 당시 신문기사를 보면 망년회 자리에서 언성을 높이고 멱살잡이나 주먹다짐을 하다 하룻밤 파출소 신세를 졌다는 내용도 많아. 1980년대부터는 잊을 망(忘) 자 대신 보낼 송(送) 자를 써서 '송년회(送年會)'라는 말을 쓰기 시작했지. 언론에서 망년회가 일본식 표현이라며 송년회나 송년 모임으로 고쳐 쓴 다음부터 바뀐 거야.

조선 전기의 문신 서거정(徐居正: 1420~1488)의 『사가집(四佳集)』에 「한강루의 망년회 자리에서(漢江樓忘年會席上)」라는 시가 있어.[28] 시 제목에 망년회라는 표현이 있다며 망년회가 일본식 표현이 아닌 조선시대부터 써온 말이라고 주장하는 분도 있는데, 이는 잘못된 견해야. 시에 나타난 망년의 뜻은 지금과는 의미가 달라. 나이 차이를 따지지 않는 친구 모임이란 뜻이지. 신분이나 나이 차이를 따지지 않고 우정을 나누는 관계를 '치소망년지교(緇素忘年之交)'라고 하잖아. 그래서 구보 씨는 망년회라는 표현이 일본 문화의 흔적이 분명하다고 생각해.

망년회든 송년회든 연말 모임에서 술을 마시는 습관은 변하지 않았어. 1990년대엔 '노털카(놓지 말고 털지 말고 마신 다음 카~ 소리 내지 말고 마시기)'가 유행이었지. 걸리면 벌주로 한 잔을 더 마셔야 했어. 이런저런 이유로 술을 더 마시게 하면서 한 해 동안의 애환을 달랬던 거지.

또 있어. 지금도 송년 모임이나 회식 자리에서 자주 듣는 '쏜다'라는 말이 유행한 것도 1990년대야. "오늘은 내가 쏠게!"라고 하잖아? 한턱내겠다는 뜻이지. 1990년대 말에 불어닥친 외환위기로 우리나라가 국가부도 사태의 위기에 직면했을 땐 마치 술병에 수도꼭지가 달려 있기나 하다는 듯이 술을 많이도 마셔댔지.

2000년대 들어서는 술을 덜 마시는 대신 문화행사나 사회체험을 곁들이는 송년회가 늘었어. 2세대 송년회라고 할 수 있겠지. 직장에선 팀원끼리 실내 운동을 한 다음 식사를 하거나, 영화나 뮤지컬 감상을 하는 송년회가 늘었어. 모임의 성격에 따라 공부 송년회를 하는 곳도 늘었지. 와인 전문가를 초빙해 함께 와인 공부를 한 후 와인을 마신다거나, 실

어느 대학 동창들의 송년회 장면(2015년)

내 골프장에 모여 골프 레슨을 받은 다음 식사를 하기도 했
지. 단체로 스키장에 가서 스키를 타며 노는 송년회, 봉사활
동을 하며 사회체험을 하는 송년회도 눈에 띄게 늘었어.

2010년 이후엔 나눔 송년회도 등장했어. 3세대 송년회라
고 할 수 있을 거야. 질펀한 송년 분위기에서 벗어나 해가 가
기 전에 선행을 베풀며 한 해를 마무리하자는 거지. 저소득
층 가정에 쌀이나 연탄을 배달해주거나 양로원이나 사회복
지시설에 단체로 찾아가 봉사활동을 하는 게 대표적이야. 나
눔 봉사활동을 마치고 나선 당연히 술도 마시지. 좋은 일 하
고 마시는 술맛이 얼마나 좋겠어?

이 밖에도 직장 다니는 아들 녀석 말로는 '112 송년회'도

있대. 한 가지 술로 1차만 하는데 두 시간 안에 끝내는 거래. 요즘 대학생들은 인터넷이나 단체 카톡방 같은 사이버 공간에서 만나 송년회를 한다더라고. 무슨 수를 써서라도 지난해와는 달라야 한다며 다양한 이벤트를 곁들인 이색 송년회도 는다고 하네.

송년 모임에선 건배사도 빠질 수 없지. 구보 씨도 얼마 전 송년 모임에서 이런 건배사를 들었어. "청바지(청춘은 바로 지금부터)" "소화재(소통하고 화합하고 재미있게)" "주전자(주저하지 말고 전화하세요, 자주 봅시다)" 다 좋은 말이야. 건배사 한마디가 분위기를 살리고 기분을 확 띄워주니까. 그동안 송년 모임 풍경이 많이도 변했지만, 더 좋은 새해를 맞이하길 바라는 마음만큼은 똑같지 않겠어? 송년 모임에서 했던 건배사 그대로 모두가 희망찬 새해를 맞이하길!

자필로 꾹꾹 눌러 쓴 연하장 보내시길

"끝내 부치지 못한 YS(김영삼 전 대통령) 연하장 4,800장. 연말마다 정성⋯ 한때 1만 명에 발송, 제작 업체 초안 만들고 인쇄 취소."(2015년 11월 24일, 「동아일보」)

주인이 세상을 떠나자 연하장은 끝내 만들어지지 못했고,

4,800여 명에게 전달될 예정이던 연하장은 업체 컴퓨터에 디자인된 상태로만 남게 됐다는 신문 기사가 구보 씨의 가슴을 뭉클하게 했지. 어디 대통령을 지내신 분뿐이겠어? 우리 모두는 연말연시가 되면 송년과 새해맞이를 겸해 서로 인사를 전해왔어.

해방 직후엔 지금처럼 연하장이나 크리스마스 카드를 파는 곳이 없었지. 구보 씨가 중학생 때는 직접 카드를 만들어 보냈어. 흰색 도화지를 가위로 쓱쓱 잘라 카드를 만드는 거야. 그다음에 단풍잎이나 참나무 잎을 수산화나트륨 수용액에 넣으면 잎맥만 염색이 돼. 염색된 이파리를 조심조심 핀셋으로 집어내 말린 다음 잘라놓은 도화지에 붙이는 거야. 예쁘게 장식하려는 거였어. 그 다음에 '근하신년(謹賀新年)' 같은 문구를 쓰면 거의 마무리됐지.

이 말은 지금도 쓰이니 다들 알 거야. 대표적인 새해 인사 문구지만 연하장이라는 말과 함께 일본에서 들어온 것이지. 1950~1960년대엔 성탄절 인사보다 새해를 축하하는 인사말 위주였어. 왜냐고? '근하신년' 또는 '하정(賀正: 새해를 축하함)'이라고 써서 연하장을 보내는 풍속이 일본에서 들어왔기 때문일 거야, 아마.[29]

그러다 1957년 12월 우체국(우정사업본부의 전신)에서 연하우편을 발행하면서부터 한국형 연하장의 시대가 열렸어. 초창기엔 주로 엽서형 연하장이 많았는데 크리스마스 카드를 겸해서 보냈어. 나중에 점차 카드형 연하장으로 바뀌면서 연하장과 크리스마스 카드가 저절로 다른 용도로 구별됐지. 그래서 1960년대 후반에 접어들어서는 크리스마스 카드로 송년 인사를 전하고 새해 인사로 연하장을 보내는 관행이 정착됐지. 당시 연하장엔 복과 장수를 상징하는 해, 학, 소나무 그림이 자주 등장했지. 겨울 풍경이나 한국의 전통 풍속이 배경 그림으로 쓰이는 경우도 많았어. 대개 '근하신년' 같은 말은 금박으로 인쇄돼 나머지 인사말만 한두 줄 쓰면 연하장이 완성됐지.

1970년대는 송년과 새해 인사를 겸해 연하장을 보내는 풍습이 대대적으로 확대된 시기야. 초·중·고생들은 조개탄 난로 옆으로 옹기종기 모여 크리스마스 카드를 정성껏 만들었지. 도시 학생들은 카드를 사서 보내기도 했지만 돈이 없던 시골 학생들은 카드를 직접 만들어 보내는 경우가 많았어.

어느 연말쯤 시골 초등학교에 간 적이 있었지. 학생들이 하얀 도화지에 정성껏 그림을 그린 다음, 'Merry Christmas and Happy New Year'를 그려 넣고 있더라고. 그때까지 영어를 배우지 않았을 테니 누군가 가져온 샘플카드를 보고 그림 그리듯 알파벳을 그렸던 거야. 어떤 학생이 'Merry Christmas'와 'X-mas'라고 쓰인 카드를 (읽지는 못하고) 손가

정말
즐겁고 멋진
크리스마스예요
소망하는 모든 것들이
이루어 지시고
밝은 새해를
맞여 하시길......

디자인 개념을 적용한 크리스마스 카드(1970년, 바른손카드)

락으로 가리키며 무슨 차이가 있느냐고 물었던 순간이 아직
도 생생해. 아무튼 그 시절엔 손수 카드를 만들고 겉봉투에
우표와 크리스마스 실(Christmas Seal)을 붙이는 경우가 많았어.
　1960년 12월, 영화배우 최은희 씨가 "크리스마스 실을
삽시다"라는 대한결핵협회의 텔레비전 광고에 처음 나왔
어. 1961년 12월에는 당대 최고의 스타였던 엄앵란 씨가,
1967년 11월에는 한국의 엘리자베스 테일러로 불렸던 영화
배우 김지미 씨가, 1970년에는 배우 김자옥 씨가 크리스마
스 실 캠페인의 광고 모델이었지. 1969년에는 사미자 씨가
나와서 "여러분이 결핵 환자를 위해 사주시는 이 조그만 딱
지 한 장 한 장이 무서운 결핵을 뿌리 뽑는 원동력이 되고 있

습니다. 여러분 올해에도 이 크리스마스 실을 많이 사서 결핵 환자를 도웁시다"라고 광고를 했었지. 자료를 찾아서 다시 보니까 재미있게도 이 광고에서는 크리스마스 실을 '딱지'라고 표현했더라고. 당대 최고의 스타들이 거의 무료로 출연했을 만큼 크리스마스 실 판매는 국가적으로 중요한 정책 캠페인이었고, 극장에서는 영화 상영 중간에 실판매 광고를 내보내기도 했어.

사람 사는 일이 어디 크게 변하겠어? 1980~1990년대에도 연하장 보내기는 계속됐지. 서민들은 우체국 연하장을 많이 이용했어. 우체국 연하장은 시중에서 파는 연하장보다 값

크리스마스 실 광고 모델들(1960~1970년대)

이 저렴했어. 봉투에 우편요금 표시가 돼 있어 별도로 우표를 붙이지 않고도 보낼 수 있었지. 구보 씨도 그 무렵 우체국 연하장을 많이 이용했는데, 봉투 입구의 접착력이 별로 좋지 않아 침만 발라서는 잘 붙지 않는 거야. 그래서 행여나 봉투가 열릴까 싶어 조심스럽게 풀칠해 우체통에 넣고는 했지.

당시 체신부(옛 우정사업본부)에서 발행하던 연하엽서엔 정선, 김홍도, 신윤복의 그림이 자주 등장했어. 기업체 대표나 사회 저명인사들은 아예 자기 이름까지 인쇄해 다량으로 발송하는 사례가 많아 언론에선 연하장 일괄 발송의 문제점을 꼬집고는 했어. 열어보면 대개 이런 내용이었어. "희망찬 새해를 맞이하여 온 가정에 만복이 깃들기를 빕니다." 감동을 조금도 느낄 수 없는 무미건조한 내용이었지.

아마도 2000년대부터는 연하장이 서서히 쇠퇴의 길로 접어든 것이 분명해. 연하장 받아볼 일이 점점 뜸해졌으니까. 우정사업본부 통계를 찾아보니 2006년에 1,039만 장이던 발행량이 2008년엔 915만 장, 2009년엔 742만 장으로 줄어들었다는 거야. 앞으로도 발행 수치는 계속해서 감소하겠지.

휴대전화나 인터넷으로 편하게 보낼 수 있으니 굳이 우편 연하장을 보낼 필요가 없어진 거지. 몇 번 클릭만으로 보내는 인터넷 카드도 한동안 인기였지. 2006년엔 음성 녹음 연하장이, 2007년엔 시 낭송 연하장이 발매되기도 했어. 새로운 아이디어 상품이었겠지만 구보 씨가 보기엔 필사적으로 생존하려는 연하장의 마지막 몸부림 같았어. 인터넷과 휴대 전화가 연하장 풍습도 바꿔놓았는데, 그 도도한 흐름을 누가 어떻게 막을 수 있겠어? 오죽했으면 "송년 인사는 e-카드가 제격"이라는 광고 메시지까지 나왔을까 싶네.

그럼에도 불구하고 우정사업본부는 해마다 새해를 앞두고 그해에 해당되는 12간지의 동물 모습을 담은 연하카드와 연하엽서를 어김없이 선보이고 있어. 이메일로 한 사람 한 사람에게 보내던 새해 인사까지는 그래도 좋았어. 그런데 받는 사람은 명시하지 않고 보내는 사람 이름만 있는 스마트 문자나 카톡 메시지는 너무 심한 것 같아. 1980~1990년대 사회 저명인사들이 연하장을 일괄적으로 발송하던 행태와 같은 거지. 똑같은 문구로 대량 살포되는 문자메시지는 받는 이의 마음에 어떠한 울림도 주지 못할 거야. 좀 번거롭더라도 받는 분의 이름이라도 써서 보내는 최소한의 예의는 갖춰야지. 정말로 사랑하는 분께는 자필로 꾹꾹 눌러 쓴 연하장을 보내보면 어떨까 싶네. 제발, 받는 이의 이름도 없이 단체로 뿌리는 문자메시지는 보내지 마시길!

문명과 유행

기적 소리 사위어가고 KTX 속도만 쓱

우렁탸게 토하난 긔적 소리에
남대문을 등지고 떠나 나가서
빨니 부난 바람의 형세 갓흐니
날개 가진 새라도 못 따르겟네.

육당 최남선이 1905년 경부선 철도의 개통에 맞춰 지은
「경부철도가」의 1절이야. 기차가 우렁차게 기적 소리를 토하
며, 남대문을 등지고 출발해, 바람처럼 달려가니, 날아가는

새보다 빠르다는 뜻이야. 1899년 9월 18일 오전 9시, 우리나라에 철마(鐵馬)가 처음 달리기 시작했을 거야. 그런데 어느새 세월이 흘러 2015년 4월 2일에 호남선 KTX까지 개통됐어. 서울에서 광주까지 1시간 33분 만에 갈 수 있다니, 이런 날이 오리라고 누가 생각이나 했겠어?

1899년에 노량진과 제물포 사이의 경인선 철도에 탑승했던 「독립신문」 기자는 기차를 타보고 나서 "하늘을 나는 듯" 했다고 소감을 밝혔어. 고작 시속 20~30킬로미터였는데도 말야. 소설가 이광수 선생을 비롯한 개화기 지식인들은 철도를 진보의 상징이자 근대 문명의 축복으로 생각했었지. 하지만 일제강점기에 탄생한 조선의 철도란 식민지를 약탈해가는 수탈의 도구였을 뿐이야. 그렇기는 해도 사람들이 근대성에 눈 뜨게 하는 데 철도의 역할이 컸어. 사람들은 시간을 '발견'했고, 철도역을 중심으로 근대도시가 형성되었지.[30]

내가 열 살 때 해방을 맞았는데, 열한 살 때인 1946년에 아버지와 같이 '해방자호(解放者號)'[31]라는 열차를 탔던 기억이 아직도 생생해. 조국 해방을 기념하는 특별 급행열차였는데 서울-부산 간을 9시간 만에 주파했다니까. 1955년에 통일호가 나왔고, 1960년에는 무궁화호, 1962년에는 태극호, 1966년에는 백마호와 청룡호, 1967년에는 대천호(서울-대천 준급행)와 비둘기호가 나왔어.[32] 요즘에는 철도청도 영어 이

해방자호가 달리는 모습(1945년)

름이 코레일로 바뀌었지만 그 당시 열차 이름이 얼마나 한국
적이고 전통적이야! 촌스럽다고? 그때는 정말 세련된 이름이
었다고.

　그런데 1960년대의 기차는 석탄의 화력으로 달렸지. 화
부 2, 3명이 번갈아가며 석탄을 땔감으로 붓고 '뻑뻑~' 기적
을 울리며 달렸다니까. 터널만 지났다 하면 승객들 콧구멍이
새카맣게 돼버렸어. 석탄가루가 엄청 바람에 날려 왔으니 그
리 된 거야. 1974년엔 통일호와 새마을호가 나왔고, 1984년
에는 열차의 모든 명칭이 바뀌었지. 보통 열차는 비둘기호,

완행열차는 통일호, 우등열차는 무궁화호, 특급열차는 새마을호라고 한 거야. 특별한 목적에 따라 새 이름을 붙인 경우도 많았지. 1955년에는 목포행 군용 열차 상무호가, 1962년에는 새마을운동을 위한 재건호가, 1966년에는 월남 파병을 위한 맹호호가 나왔고, 1967년에는 서울-부산 피서 열차인 갈매기호도 있었어. 월남 파병 때는 전쟁터로 떠나는 남편이나 애인을 그냥 보낼 수가 없어 많은 여자들이 맹호호가 떠나는 순간 열차로 달려들었어. 아무도 말릴 수가 없었지. 왜 영화 보면 우루루 열차로 몰려가는 장면 나오잖아? 그 장면처럼 정말 눈물바다를 이뤘지.

그러다 2004년 4월 1일 KTX 시대가 열렸어. 부산에 갈 일이 있어 서울역에서 타고 갔는데 철도 위를 나는 비행기 같았어. 만약 예조참의 김기수 선생이 KTX를 타보셨다면 지하에서도 탄복하셨을 거야. 1876년 일본에 갔을 때 기차를 처음 타본 소감을 한국인 최초로 남긴 분이야. 선생은 기차를 화륜거(火輪車)라고 하시며 "차마다 모두 바퀴가 있어 앞차의 화륜이 한 번 구르면 여러 차의 바퀴가 따라서 모두 구르게 되니 우레와 번개처럼 달리고 바람과 비처럼 날뛰었다…"고 『일동기유(日東記遊)』(1877)에 기차를 타본 체험기를 세세하게 기록해놓으셨어.[33]

열차를 소재로 한 노래도 많았지. "잘 있거라 나는 간다~

이별의 말도 없이~ 떠나가는 새벽 열차 대전발 0시 50분"이
라는 안정애의 「대전 부루스」나 남인수의 「이별의 부산 정
거장」은 내가 젊었을 때 정말 자주 불렀던 노래야. 김현철의
「춘천 가는 기차」, 이규석의 「기차와 소나무」, GOD의 「기
차」, 다섯손가락의 「기차 여행」, 김수희의 「남행 열차」, 김민
우의 「입영열차 안에서」, 아이유의 「기차를 타고」, 아이유와

안정애의 「대전 부루스」 앨범 재킷(1959년)

김창완의 「너의 의미」 같은 노래는 자식들이나 손자들을 통해서 들었어. 괜히 열차를 소재로 썼겠어? 열차가 우리의 발이 되고 추억이 서린 공간이었으니까 그런 거지.

생각해봐. 내가 중학교 때는 열차 통학을 했는데, 그때 학생 모자를 삐딱하게 쓰고 객차 연결 통로에서 늘 서서 가던 고등학생 형들의 모습이 그렇게 멋져 보이는 거야. 자리가 나도 안 앉고 꼭 거기 서서 우리 군기를 잡았지. 조금 예뻐 보이는 여학생이 지나가면 괜히 짓궂은 말로 희롱하곤 했어. 어떤 때는 표를 끊지 않고 탔다가 검표원이 오는 것 같으면 맨 마지막 칸까지 도망가 결국 예닐곱 명이 열차 밖에 매달려 가는 경우도 있었어. 혼찌검을 당하곤 했지.

어떤 어른들은 기분이 좋으면 바닥에 앉아 술판을 벌이기도 했어. 구성지게 육자배기 한 자락을 뽑거나 유행가 한 곡조씩을 뽑아내기도 했지. 1970~1980년대쯤 대학생들은 야유회를 갈 때면 열차 안에서 기타도 치고 노래도 부르고 꽤 볼만 했어. 열차를 타고 이별의 길을 가는 사람도 있었겠지만, 열차 안은 신명 나는 이동 공간이기도 했다는 말이야. 옆 사람에게 누가 될까봐 열차 안에서 전화 한 통 걸기도 어려운 요즘에 비하면 그래도 그때는 가는 동안의 재미라는 게 있었어. 다들 바쁘게 사니까 뭐라 할 건 없지만, 지금은 그런 재미는 없고 도착지까지 얼마나 빨리 가느냐만 있는 거 같아서 조금 거시기해. 그렇게 빨리 도착해서 뭐하시려고?

쿠바의 피델 카스트로는 "인생은 수천 마일을 집어삼키는 열차"라고 했어. 열차를 타고 수천 마일을 가듯 장거리 여행을 하는 게 인생이라는 뜻이지. 이 나이가 돼보니 이제야 조금 알겠어. 때로는 완행열차도 타봐. 창밖 풍경도 보면서 말이야. 경원선의 철도 중단점인 백마고 지역에는 가봤는지. 거기 녹슨 안내판에 "철마는 달리고 싶다"는 문구가 쓰여 있지.

많은 사람들이 DMZ 기차여행을 가려고 하면 이 문구를 가장 먼저 떠올릴 거야. 언젠가는 그 팻말을 뗄 날이 오겠지. 아니, 와야만 해. 2015년 4월 2일, 호남선 KTX까지 개통됐으니까 이제 우리 열차가 북한 땅을 달리는 일밖에 남지 않았네. 머잖은 날에 경의선 복원 공사가 완공되어 '철의 실크로드'가 열렸으면 싶어. 그날이 올 때까지, 언젠가 그날이 올 때까지, 구보 씨는 정말 열심히 살아보려고 해.

이제 전화기에 자물쇠를 채우지 마라

해마다 '가정의 달' 5월이 오면 사람들은 이래저래 전화를 많이 걸 거야. 대다수가 스마트폰을 쓰니 세상 좋아졌지. 어버이날에 손자 녀석의 전화를 받은 순간, 그동안 통신수단이 어떻게 변해왔는지 말하고 싶어졌어. 유선 전화기에서 삐삐, 시티폰, 카폰, 디카폰, 영상폰, 스마트폰까지…. 정말 숨 돌릴 틈도 없이 변해왔어.

1896년 경복궁 내부에 자석식 전화기가 설치되면서 우리나라에서 전화 통화가 시작됐는데, '덕진풍'이나 '득률풍'이라는 말 들어봤어? 한성전보총국에서 영어의 '텔레폰'을 음역해서 그렇게 불렀다고 해. 말을 전하는 기계라며 '전어기(傳語機)'라고도 했다는 거야. 해방 직후인 1946년부터 수동식 전화교환기가 서서히 교체됐지.[34] 일제강점기나 해방 직후에도 전화기는 일반 대중의 생활과는 거리가 멀었어. 1962년 체신 1호 시리즈가 개발되면서부터 대중에게 전화기가 보급됐지. 국내 최초로 생산된 체신 1호 전화기는 자석식, 공전식, 자동식 세 가지였어.

당시 정액 요금제에서 전화 도수제(度數制)로 바꾸자 사람들의 불만이 이만저만이 아니었지. 도수제란 전화 건 횟수에 따라 요금을 매기는 제도야. "문명의 이기(利器)에 자물쇠까지. 도수제가 던진 파문. 사무 능률 저하 우려. '다이얼' 판을 아주 떼거나 봉인한 관청도."(1963년 1월 5일, 「동아일보」) 전화를 아껴 쓰자는 '전화 절제령(節制令)'을 설명하는 신문 기사야. 전화기는 멀쩡한데 고장 딱지를 붙이거나 자물쇠를 채우기도 했어. 예산이 빡빡한 관공서에서는 전화 한번 하려

고 미리 결재를 받기도 했어. 요금이 좀 많이 나왔다 싶으
면 누가 사적인 전화를 썼느냐며 멱살잡이하는 일도 벌어졌
지. "전화기는 아껴 쓰고 통화는 간단히!" 이런 표어를 내걸
고 일반인의 전화 사용을 금지하기도 했어.[35] 도서관에 가서
1963년도의 신문을 찾아보니 이런 광고도 있었네. "전화기
는 아껴 쓰고 통화는 간단히!" 라고 하면서, "전화번호는
다시 한 번 확인하고 다이알(다이얼)은 정확히 돌립시다"라
고 강조했었네. 그만큼 전화기를 아껴 쓰라는 말이었어.

전화기를 아껴 쓰자는 체신부 광고(1963년 12월 26일, 「경향신문」)

1970년대만 해도 집에 전화가 있으면 부자라고 했을 정도로 전화기는 귀한 물건이었어. 백색전화와 청색전화도 유명한 단어야. 백색과 청색은 전화기 색깔이 아닌 전화 가입 대장 명부의 색깔이야. 전화선에 소유권이 설정돼 있고 양도가 가능한 게 백색전화, 소유권 설정이나 양도의 개념이 인정되지 않는 게 청색전화였어. 당시 서울의 집 한 채 값이 230만 원 정도였지. 백색전화 한 대 값이 260만 원까지 올라간 적도 있었으니 부작용도 컸다고 해야겠지. 1973년에 체신 70호 시리즈가 개발되면서 지금과 같은 전화기 모양이 보편화됐지.

시골에서 서울로 전화를 한번 걸려면 주민들은 우체국으로 가야 했어. 서너 시간을 기다려도 시외전화가 연결되지 않는 일이 많았어. 그래서 교환원에게 음료수도 사다주며 빨리 연결해달라고 부탁하는 일이 허다했어. 전화선 자체에 소유권이 설정돼 전화기가 재산이었으니 한 동네 한두 집에만 전화기가 있었고 그걸 온 동네 사람들이 빌려 썼어. "○○네! 전화 왔어요"라고 이장 집에서 방송하면 부리나케 달려갔지. 신발이 벗겨지고 넘어져 무릎 까진 사람도 많았어. 누구네 전화 왔다는 걸 온동네 사람들이 알 수밖에 없었지.

1980년대에 전자식 교환기가 개통되면서부터 전화기는 단순한 의사소통 수단을 넘어 다기능 정보통신 기기가 됐지.

산업화와 더불어 전화 가입자가 폭발적으로 증가했어. 교환원이 아닌 기계가 자동으로 연결시켜주는 다이얼식 전화기가 나온 거야. 그뿐만이 아냐. 자료를 보니 우리나라에서는 1982년 12월 15일에 무선호출 서비스를 개시했네. 무선호출기 '삐삐'가 나왔던 거지. 삐삐가 처음 나왔을 때만 해도 소위 잘나가는 사람들만 썼었지. 그러다가 1992년에 체신부에서 독점하던 무선호출 사업을 민간에 이양하자 전국 각지에서 10여 개의 이동통신사가 우후죽순처럼 생겨났어. 그러자 여기서도 '삐삐~' 저기서도 '삐삐삐삐~' 하며 난리도 아니었지.

"당신과 나 사이에 저 삐삐가 있었다면 쓰라린 이별만은 없었을 것을~." 중년 아저씨들은 노래방에서 가수 남진의 「가슴 아프게」를 패러디해 이렇게 노래하기도 했어. 사람들이 삐삐에 뜬 전화번호 메시지를 확인하려고 공중전화 박스 앞에 길게 줄을 서는 진풍경이 벌어지기도 했어. 암호 같은 숫자 놀이도 삐삐 문화의 단면이었지. '8282(빨리빨리)' '1004(천사)' '1010235(열렬히 사모합니다)' '1200(지금 바빠)' '0027(땡땡이치자)' '5875(오빠 싫어)' 같은 게 대표적이야.[36]

1980년대에는 카폰도 나왔는데, 자동차에서 거는 전화였어. 카폰은 삐삐의 단점을 일거에 해소했으니 엄청난 인기를 끌었지. 그 당시 영화나 드라마엔 부유층들이 차 안에서 카

지하에서도 울린다고 강조한 삐삐012 광고(1994년)

폰으로 전화 거는 장면이 많이 나왔거든. 어쨌든 1990년대 이후부터는 전화기가 유·무선 겸용을 거쳐 복합 다기능 기기로 바뀌었어. "전화번호를 눌렀을 때 상대방의 전화번호가 LCD 문자판에 나타나 통화의 실수를 사전에 방지"(1993년 4월 28일, 「동아일보」)한다는 기사도 있었듯이, 그 시절에 전화기 기술이 많이 발전했던 것 같아. 한 가구에 한 대꼴로 전화기가 보급돼 전국 어디서나 쉽고 편하게 전화를 할 수 있게 된 거야.

그러다 2000년대 초반엔 무선전화기가 대세가 됐어. 초창기의 무선전화기 하면 무전기나 냉장고를 떠올릴 거야. 그때는 큼직하고 묵직한 전화기가 왠지 모르게 믿음직스러웠지. 구보 씨도 무선전화기를 장만하고 나서 마치 군인이 무전을 치듯이 안테나를 쭉 뽑아내고 손을 길게 뻗어 통화를 했었지. 지금 스마트폰은 DMB 시청 때를 제외하고는 안테나를 쓰지 않지만 그때는 전화 안테나 자체가 정말 멋스러웠어. 그 후 뭉툭했던 무선전화기가 정말 야무지게 작아졌고, 유선전화기는 2010년 이후엔 거의 사무실용 정도로만 사용되는 것 같아.

해방 이후 통신수단이 얼마나 많이 변했는지 가히 상전벽해(桑田碧海) 수준이야. 최근 신문에서 봤는데 우리나라의 스마트폰 사용자 수가 4,000만 명을 넘어섰다고 해. 아이에서 어른까지 안 쓰는 사람이 없는 거지. 뭐가 스마트(smart)인지 모르겠지만 전화기에 무슨 기능이 그리도 많은지 모르겠어. 사실 구보 씨 또래는 스마트폰이 불편할 때가 더 많아. 그리고 젊은 친구들은 스마트폰을 너무 믿어서인지 모르겠지만 도대체 생각들을 안 하고 사는 거 같아. 스마트폰이 사람들을 더 스마트하지 않게 만드는 측면도 분명 있는 거지. 기술이 발달해도 적당히 발달해야 하고 약간은 아날로그 냄새도 풍겨야 더 인간적이지 않을까 싶어.

세월 따라 노래 따라 사랑은 흐르고

라디오를 허리춤에 차고 남산에 산책을 나갔지. 낙엽이 우수수 떨어지는데, 때마침 패티김의 「가을을 남기고 간 사랑」이 흘러나오는 거야. "가을을 남기고 떠난 사랑~ 겨울은 아직 멀리 있는데~ 사랑할수록 깊어가는 슬픔에~ 눈물은 향기로운 꿈이었나~" 하는 대목에서 구보 씨는 잠시 인생의 겨울에서 어디쯤 와 있나 싶었어. 가슴이 울컥하면서 어머님 생각도 났지. "낙엽이 우수수 떨어질 때 겨울의 기나긴 밤 어머님하고 둘이 앉아~ 옛이야기 들어라. 나는 어쩌면 생겨나와 이 이야기 듣는가~"(유주용, 「부모」) 하는 대목이 머릿속을 스쳐갔어. 유행가는 그동안 어떻게 변해왔을까?

유행가엔 서민들의 애환이 절절하게 녹아 있다고 할 수 있지. 해방이 되고 나서 미군들이 몰려 들어왔어. 그때부터 미8군의 쇼는 가수의 등용문 구실을 했지. 「목포의 눈물」로 유명한 이난영 씨 알 거야. 그녀의 세 딸이 김시스터즈를 만들어 주한 미군들을 열광의 도가니로 몰아 넣었지.

패티김, 신중현, 이금희, 서수남, 윤복희, 한명숙, 임희숙 같은 가수도 미8군 무대에서 인기가 대단했어. 트로트나 신민요 영역에선 한복남, 현인, 박재란, 이해연, 명국환, 권혜경, 이미자 씨의 노래가 인기를 끌었지. 특히 이미자 씨는 1950년대 후반에 「열아홉 순정」으로 인기를 얻은 뒤 「동백 아가씨」(1964)와 「섬마을 선생님」(1966)으로 일약 대스타로 떠올랐어. 1961년엔 한명숙의 「노란 샤쓰의 사나이」가 대단했지. 택시 기사들의 유니폼이 모두 노란색으로 바뀔 정도였으니까.

1963년엔 현미의 「밤안개」, 1965년엔 남일해의 「빨간 구두 아가씨」가 히트곡이었지. 1966년엔 최희준의 「하숙생」, 1967년엔 남진의 「가슴 아프게」, 정훈희의 「안개」, 배호의 「돌아가는 삼각지」, 1969년엔 나훈아의 「사랑은 눈물의 씨앗」 같은 심금을 울리는 명곡들이 잇따랐어. 작곡가 겸 가수 신중현이 혜성처럼 등장한 것도 이 무렵이야. 그는 '애드4'

이미자의 「동백아가씨」(1964년)와 「섬마을 선생님」(1966년) 앨범 재킷

라는 당대 최고 그룹을 조직해 1963년 「빗속의 여인」과 「커피 한 잔」을 발표했어. 「미인」은 지금도 꾸준히 불리는 명곡이잖아. 「낙엽 따라 가버린 사랑」을 부른 차중락도 잊을 수 없네.

당시 가요계는 트로트가 대세였지. 남진이 군복무 하러 월남에 갔다 온 사이에 나훈아가 일약 스타로 자리 잡았지. 그러자 남진은 엘비스 프레슬리를 흉내 낸 허리춤을 선보이며 「님과 함께」와 「그대여 변치 마오」 같은 노래로 대중을 열광시켰어. 나훈아와 함께 트로트의 양대 산맥을 이룬 거지. 트로트에 로큰롤을 가미한 댄스곡을 선보인 남진은 아마 처음으로 노래에 춤을 가미한 남자 가수였을 거야. 요즘 아이돌 그룹의 원조 격이라 할 수 있지. 남진과 나훈아 두 사람이 리사이틀(극장 쇼) 공연을 하면 그 지역 공단 여공들이 단체로 결근하는 탓에 공장들이 하루나 이틀 문을 닫을 정도였어.

1970년대 초부터는 재즈풍 노래가 인기를 끌었고, 대학가를 중심으로 확산되기 시작한 통기타 붐도 대단했어. 청바지와 통기타가 청년문화의 상징이 된 거지. 1971년 은희의 「꽃반지 끼고」가 아르페지오 선율에 힘입어 주목을 받았고, 김민기와 양희은의 「아침 이슬」이 대학가 캠퍼스와 커피숍을 장악했어. 김정호, 송창식, 이장희, 조영남, 윤형주, 김세환의 노래는 1970년대 청년문화의 격정과 허무감을 잘 표현했다고 생각해. 1975년엔 가요 규제 조치가 내려졌지. 그래서 가수들은 생계를 위해 CM송(광고 노래)으로 눈길을 돌렸는데, 윤형주나 김도향의 CM송이 한 편의 시처럼 빛나던 시기였지. 그런 암흑기에도 이정선, 정태춘, 조동진 같은 가수는 시대의 우울을 노래했어. 1979년엔 윤시내의 「열애」가 대히트를 기록했는데, 마치 한 마리 사자가 포효하는 듯 가창력이 대단했지.

1980년대부터는 조용필의 시대였어. 1980년 「창밖의 여자」와 「촛불」을 발표해 그해 모든 가요제의 대상을 휩쓸었을 거야. 조용필은 「돌아와요 부산항에」(1972)로 데뷔한 이후 「창밖의 여자」를 비롯해 「킬리만자로의 표범」 같은 수많은 히트곡을 발표하고 늘 새로운 음악적 실험을 했기 때문에 모름지기 '가왕(歌王)'이라고 할 수 있을 거야. 이후 이용의 「잊혀진 계절」, 임병수의 「약속」, 최진희의 「사랑의 미로」, 이문세의 「광화문 연가」, 이선희의 「J에게」 같은 발라드 계열의 노래는 젊은이들이 선호하는 장르가 됐어. 1980년대 음악의 주류였던 발라드는 계속 발전해 이문세, 변진섭, 윤상, 신승훈 같은 가수들이 이끌어갔지.

아마도 1980년대가 우리 대중음악의 르네상스 시기였다는 데 이의를 제기할 사람은 없을 거야. 음악 전문가의 해설을 보았더니, 이 시기에 다양한 장르의 대중가요가 공존했고 여러 가지 음악적 실험이 이뤄졌다 하더라고. 김현식, 들국화, 한영애, 봄여름가을겨울, 동물원 같은 가수들은 방송에 출연하지 않으면서도 가수로서 확고한 입지를 만들어간 거야. 라이브 음악의 강자들이 TV에 나오지 않고도 노래 실력만으로 대중의 사랑을 받을 수 있음을 보여준 거지.

데뷔 시절의 조용필 앨범 재킷(1972년)

20세기 최고 가요 발표 기사(1999년 12월 23일, 「동아일보」)

1990년대 서태지와 아이들의 등장은 하나의 충격이었어. 구보 씨도 「난 알아요」를 방송에서 처음 봤을 때(들은 게 아니고), 노래가 아니라 춤이라고 생각했어. 노래도 아니라고 비판한 사람들이 많았지. 그런데 어린 친구들이 가수란 노래만 하는 사람이 아니라는 걸 단적으로 보여줬어. 당시 서태지와 아이들은 이 노래 한 곡으로 대중문화계의 대통령이 됐지. 힙합 장르를 본격적으로 대중에 알린 선구자로도 인정받았어. 그 후 수많은 그룹이 힙합으로 무장하고 가요계에 바람처럼 등장했다 이슬처럼 사라져갔지. 다만 고(故) 김광석이나 고 신해철은 오롯이 자기만의 음악 영역을 만든 거 같아.

21세기를 코앞에 둔 1999년 연말이었을 거야. MBC가 한국갤럽에 의뢰해 서울의 성인 1,011명을 대상으로 '20세기 한국인의 노래 100곡'을 조사한 결과를 「동아일보」 기사에서 읽은 적이 있어. 구보 씨는 조용필과 그의 히트곡 「돌아와요 부산항에」가 한국인이 뽑은 '20세기 최고의 가수와 가요'에 선정된 걸로 기억해. 2위는 김정구의 「눈물 젖은 두만강」이 차지했고, 양희은의 「아침이슬」, 민요 「아리랑」, 이미자의 「동백아가씨」가 3~5위의 순이었을 거야. 세대별로 좋아하는 최고의 가요는 좀 달랐어. 20대는 서태지와 아이들의 「난 알아요」를, 30대는 「돌아와요 부산항에」를, 40대 이상은 「눈물 젖은 두만강」을 각각 1위로 꼽았지. 최고의 가수는 조용필에 이어 나훈아, 이미자, 조성모, 송대관, 설운도, 현철, 엄정화, 김건모, 주현미 순이었을 거야. 가요사에서 가장 의미 있는 사건은 서태지와 아이들의 등장과 은퇴(11.7퍼센트), 이미자의 「동백아가씨」 등 판매 및 방송 금지와 해금(6.7퍼센트), 랩의 등장(4.8퍼센트), 댄스 음악의 등장(3.3퍼센트) 순이었던 걸로 기억해.[37]

2000년대 이후의 대중음악은 서태지와 아이들의 음악적 자식이나 손자뻘쯤 될 거야. 호소력 있는 가창력보다 화려한

춤 솜씨가 지금의 대중음악계를 지배하는 것 같으니까. 그런데 어떤 게 맞는지는 모르겠어. 랩이 많이 들어간 요즘 노래들은 도대체 무슨 소린지 들리지가 않아. 우리 때 자주 듣던 유행가 가사는 서정적이고 낭만적이었는데, 지금의 가사 내용은 도대체 이해할 수가 없어.

아무튼 회식 때 2, 3차로 노래방에 자주 가는 걸 보면 우리나라 사람들이 얼마나 노래를 좋아하는지 알 수 있어. 「나는 가수다」나 「히든 싱어」 같은 방송의 노래 자랑 프로그램도 대단한 인기를 끌었잖아. 그만큼 사람들이 유행가에 관심이 많다는 증거겠지. 앞으로의 유행가는 10대만을 겨냥하지 말았으면 싶어. 중·장년층이나 구보 씨 같은 노년층도 따라 부를 수 있는 그런 노래들도 계속 나왔으면 좋겠어.

훈민정음 창제한 뜻을 알기나 하는지

해방 이후 우리말은 어떻게 달라졌을까? 우리말의 변천에 대해 알아보려고 해. 어떤 인터넷 커뮤니티에 게시된 '2016학년도 어른이 평가시험'이란 걸 봤는데, "신조어 몇 개까지 알고 있니?"라고 질문하며 27개의 낯선 단어를 나열했더라고. 복세편살, 별다줄, 핑프, 더럽, 세젤, 연서복, 걸크러쉬 등

제1교시
2016학년도 어른이평가시험 문제지
신조어 영역 병맛형
성명 올ALL 맞춘갯수 2개

신조어 몇 개 까지 알고있니?

1. 복세편살
2. 낄끼빠빠
3. 빼박캔트
4. 별다줄
5. 핑프
6. 비담
7. 사바사
8. 갈비
9. 버터페이스
10. 제곧내
11. 더럽
12. 애빼시
13. 고답이
14. 글설리
16. 가싶남
17. 고나리
18. 뉴나
19. 번달번줌?
20. 세젤
21. 팬아저
22. 대인만
23. 어덕행덕
24. 연서복
25. 사이다
26. 00is윔둘
27. 걸크러쉬

제1교시
2016학년도 어른이평가시험 문제지
신조어 영역 병맛형
성명 올ALL 맞춘갯수 2개

신조어 몇 개 까지 알고있니?

1. 복세편살: 복잡한 세상 편하게 살자
2. 낄끼빠빠: 낄 때 끼고 빠질 때 빠져라
3. 빼박캔트: 빼도 박도 + 못한다(can't)
4. 별다줄: 별걸 다 줄인다
5. 핑프: 핑거 프린세스. 손하나 까딱 안하는 사람
6. 비담: 비주얼 담당
7. 사바사: 사람by사람, 사람마다 다름
8. 갈비: 갈수록 비호감
9. 버터페이스: but her face. 다른건 다좋은데 외모가..
10. 제곧내: 제목이 곧 내용이다
11. 더럽: THE LOVE
12. 애빼시: 애교 빼면 시체
13. 고답이: 고구마를 100개 먹은 것처럼 답답한 사람
14. 글설리: 글 작성자를 설레게 하는 리플
16. 가싶남: 가지고 싶은 만큼 매력있는 남자
17. 고나리: 관리 오타. 남에게 과시성을 비꿈
18. 뉴나: EBS의 오타
19. 번달번줌?: 번호 알려면 번호 줌?
20. 세젤: 세상에서 제일
21. 팬아저: 팬이 아니어도 저장하는 짤
22. 대인만: 송일씨 세 아들 대한민국인세
23. 어덕행덕: 어차피 덕질할 거 행복하게 덕질하자
24. 연서복: 연애에 서툰 복학생
25. 사이다: 답답했던 속이 뻥 뚫리는 상황
26. 00is윔둘: 00이면 무엇이든 좋다
27. 걸크러쉬: 여자가 다른 여성(연예인이나 동경하는 여성)에게 반하는 것을 뜻함

어른이평가시험 문제(2016년)

등. 구보 씨는 딱 하나밖에 못 맞혔으니 '어른이(어린이와 통하
는 어른)'가 되긴 어렵겠네.

돌이켜보면 우리말은 정말 많이 변했어. 그래도 어른이
시험문제는 어려워도 너무 어려워. 정답지를 보니 '복세편
살'은 '복잡한 세상 편하게 살자', '연서복'은 '연애에 서툰
복학생'의 줄임말이라네. 이게 우리말인지, 외국 말인지, 무
슨 암호인지 알 수가 없어. 요즘 세대의 언어나 화법은 우리
때와는 판이하게 달라졌어. 신조어가 너무 많이 생겨 아름다

운 한글의 파괴 정도가 정말 심각하다고 생각하지 않아?

시대별 유행어의 변화는 정치, 경제, 사회, 문화 전 영역에 걸쳐 일일이 열거하기 힘들 정도야. 해방 직후부터 1950년 대 말까지는 '38따라지' '골로 간다' '빽' '급행료' '국물' '낙 하산부대' 같은 말이, 1960년대엔 '사쿠라' '낮엔 야당 밤엔 여당' '자의반 타의반' 같은 말이 회자됐어.

1970년대엔 '뺑뺑이 세대' '치맛바람' '애나 봐라' 같은 말 이, 1980년대엔 '큰손' '심증은 가나 물증은 없다' 같은 말이 유행했고, 1990년대엔 '신토불이' '신세대' '쉰세대' 같은 말 이 눈길을 끌었어. 2000년대 이후엔 인터넷이 발달함에 따 라 수많은 유행어가 생겨났지만 한동안 반짝 인기를 끌다 사라져갔지.

컴퓨터와 휴대전화가 보편화되면서 '낼(내일)' '설(서울)' 같은 타이핑하기 편한 축약형 신조어도 많이 나왔어. 메신저 를 보낼 때 썼던 '방가방가' 정도는 귀여운 맛이 있었어. 구 보 씨도 손녀한테 배워 셀카(셀프카메라), 멘붕(멘탈 붕괴), 답 정녀(답은 정해져 있고 너는 대답만 하면 돼), 미존(미친 존재감) 정 도는 알고 있었어. 그런데 #G(시아버지), 윰차(유모차), 헬조선 (지옥 같은 조선), 문송합니다(문과라서 죄송합니다), 심쿵(심장이 쿵쾅거릴 정도로 좋음), 핵꿀잼(정말 재미있다), 핵노잼(No+잼, 정말 재미없다), 핵인정(격하게 인정한다), ㅇㅈ(인정), ㅁㅈ(맞아) 같은 말은 통 알 수가 없어.

사실 언어의 변화는 그만큼 빠른 우리 사회의 변화를 말해주지. 언론과 방송에선 1990년대 말부터 제목과 자막에 호기심을 자극하는 축약어를 썼어. 그와 동시에 인터넷 채팅이 발달하면서 축약어가 대폭 늘기 시작했어. 방송이나 온라인상에서도 이런 세태를 반영해 서로 다른 세대들이 즐겨 쓰는 단어의 뜻을 맞혀보는 프로그램들이 나오고 있어. 방송의「알랑가몰라」코너나 인터넷의「그말모지?(mozi.it/word)」같은 누리집이 아마 대표적일 거야. 구보 씨도 손녀가 '안 알라(안 알려)'줬으면 이런 게 있는지도 몰랐을 거야.

복수 표준어를 인정하기 시작한 것도 중요한 변화야. 그동안 한 가지 뜻을 지닌 다양한 표현을 복수 표준어로 인정하면 혼란을 일으키기 쉽다며 단수 표준어만 인정했다는 건 다 알 거야. 그러다 2011년 8월 31일 국립국어원이 '자장면'만 표준어로 삼는다는 원칙을 바꿔 '짜장면'도 복수 표준어로 인정한다고 밝혔어. 1986년에 외래어 표기법이 고시된 이후 25년 만에 바뀐 거지. 인터넷상에서 '짬뽕'은 표준어로 인정되는데 왜 짜장면은 안 되냐는 질타가 이어졌고 온라인 청원방까지 생겨 국립국어원이 현실을 반영한 거지. 그때 짜장면처럼 현실에서 많이 쓴다는 이유로 간지럽히다(간질이다), 허접쓰레기(허섭스레기), 맨날(만날), 복숭아뼈(복사뼈), 못

자리(묏자리), 먹거리(먹을거리) 같은 말이 복수 표준어로 인정
됐어.

2015년 7월 8일, 국립국어원은 개방형한국어지식대사전
(開放型韓國語知識大辭典, 우리말 샘)으로 표준어를 통합한다고
발표했어. '우리말 샘'이란 일상생활에서 사용하는 어휘를
대폭 수록하고 어려운 풀이를 쉽게 수정해 국민의 언어생활
에 실질적인 편의를 제공하고자 한다는 거야. 일반인이 쉽게
참여할 수 있는 위키 방식을 채용한 디지털 사전으로 한국
어 학습용 다국어 사전도 포함된대. 대한민국 국립국어원이
추진하는 한국어 사전이니 믿을 만하겠지. 개방형이란 국민
들이 생각했을 때 부족하거나 잘못된 부분이 있으면 종합적
으로 판단해 사전에 반영하겠다는 취지야.[38)]

국립국어원은 '몸매가 착하다' '가격이 착하다' '니가' '이
쁘다' 같은 말을 표준어로 인정하는 방안을 검토하겠다고
밝혔어. 그러자 '몸매가 착하다' '가격이 착하다'를 표준어
로 인정하느냐 마느냐를 둘러싸고 대논쟁이 벌어졌어. 하지
만 언어의 사회성 측면에서는 환영할 만한 조치라고 생각해.
'우리말 샘'은 다변화된 사회에서 표준어 외에도 다양한 실
생활 언어 정보가 반영돼 제작된다고 하니 꽤 기다려지네.

부부 간의 호칭어도 '여보→자기→오빠' 순으로 바뀌었대.
국립국어원이 광복 70주년을 기념해서 개최한 학술대회에

서 이런 분석이 나왔어. 해방 직후부터 1950년대 말까지는 아내가 남편을 '영감'이나 '양반'이라 불렀고, 남편은 아내를 '임자'나 '마누라'라고 했어. 그런데 1960년대 들어서는 '여보', 1970년대 이후엔 '자기', 지금은 '오빠'라는 식으로 변했으니 '오빠' 다음엔 뭐라고 바뀔까?

직장에서도 호칭은 변해왔어. 해방 직후엔 이사 직급을 취체역(取締役)이라고 했어. 대표이사는 대표취체역이었지. 지금은 부장, 차장, 과장 같은 직급의 호칭을 버리고 '님'으로 통일하거나, '님'이라는 전형적 호칭 외에 '리더' '프로' '파트너' '매니저' 같은 영어식 호칭을 도입한 기업들이 늘고 있다고 해. 조직문화의 창의성을 강조한다며 사내의 직급 호칭을 과감히 버리고 '호칭 민주화'를 시작한 거지. 이런 변화는 바람직한 거 같아.

아무튼 신조어를 많이 아는 게 젊은이와 소통하는 지름길일지 모르겠지만 우리말의 왜곡이 너무 심해 안타까울 뿐이야. 세종대왕께서 훈민정음(訓民正音)을 창제한 뜻을 다시 한 번 생각해봐. "나랏말쌈이 듕귁에 달아 문자와로 서르 사맛디 아니할쎄 이런 전차로 어린 백셩이 니르고져 홇 배 이셔도 마참내 제 뜨들 시러펴디 몯할 노미 하니라(우리나라 말이 중국과 달라 한자와 서로 통하지 못한다. 이런 까닭에 어리석은 백성이 말하고자 하는 바가 있어도 마침내 제 뜻을 펴지 못하는 사람이 많다)."

한글 창제의 배경이 그러할진대, 신조어 때문에 되레 문자의 뜻을 알기 어렵고 너무 왜곡되니 지나친 신조어 만들기는 삼갔으면 해. 구보 씨도 젊은이들 투로 말해볼게. "한글아, 스릉흔드!"('사랑한다'를 이 꽉 물고 발음한 것)

국가와 국민

태극기와 「국기에 대한 맹세」를 아는가

2015년 7월 29일, 구보 씨는 텔레비전 뉴스에서 놀라운 장면을 봤어. 충남 논산 육군훈련소에서 열린 신병 수료식에서 가족들이 이등병의 군복 오른쪽 어깨에 태극기를 달아주는 거야. 국방부는 신병 1,724명의 군복에 태극기를 달았고, 앞으로도 장병 군복에 태극기를 부착하겠다고 발표했어. 산전수전 다 겪은 구보 씨의 눈에 잠시 눈물이 핑 돌았지. 군인들 어깨에 태극기 하나 붙이는 데 70년이 걸렸다니. 그래서 이번엔 태극기와 국민의례에 관한 이야기를 해볼게.

해방은 태극기를 휘날리며 왔었지. 정부 수립 선포식장에서도 대형 태극기가 단연 눈에 띄었어. 구보 씨가 국민학교(초등학교)에 다닐 땐 국기의 원리나 의미를 교육시키려는 목표에서였던지 미술 시간에 태극기를 자주 그렸어. 때때로 태극기나 무궁화 그리기 대회를 열기도 했어. 태극기의 흰색 바탕 가운데 태극 무늬가 자리 잡고 모서리에 건곤감리(乾坤坎離) 4괘가 있는데, 건곤감리의 위치를 바꿔 그려 선생님께 혼쭐이 난 적도 있었어.

6·25 전쟁 당시 참전 학도병들의 서명문이 쓰여 있는 태극기(1952년)

지금은 국민의례 때만 「국기에 대한 맹세」를 낭송하지만 1970년대엔 전국의 학교에서 조회시간에 낭송했지. 1968년 3월 충청남도 교육위원회가 처음 작성해 보급한 이후 1972년부터 문교부(교육부)가 전국으로 확대했어.

"나는 자랑스런 태극기 앞에 조국의 통일과 번영을 위하여 정의와 진실로써 충성을 다할 것을 다짐합니다." 이것이 원문인데 중간에 한 번 수정해서 써오던 것을 행정자치부가 기존 문안이 시대와 맞지 않고 문법에 어긋난다며, 2007년 7월 27일에 「국기에 대한 맹세」 수정안을 공포했지. 지금도 쓰고 있는 문안인데 이걸 제대로 외는 사람들이 몇이나 될지 궁금하네.

나는 자랑스러운 태극기 앞에 자유롭고 정의로운 대한민국의 무궁한 영광을 위하여 충성을 다할 것을 굳게 다짐합니다.

국기 강하식도 잊을 수 없어. 국기 게양대에서 국기를 내리는 이 의식은 1978년 10월부터 전국적으로 확대됐지. 그무렵 직장 동료들과 '국기 하강식'이 맞느냐 '국기 강하식'이 맞느냐를 놓고 입씨름하던 기억이 생생한데, 국기 강하식이 맞는 표현이래. 영화 「국제시장」(2014)을 많이들 봤을 거야. 덕수(황정민 분)와 그의 아내 영자(김윤진 분)가 공원에서 말다툼을 하다 해 질 무렵에 애국가가 흘러나오자 가슴에 손을 얹고 국기에 대한 경례를 하는 장면이 나오잖아. 사실 1970~1990년대엔 거리에 애국가가 울려 퍼지면 다들 가던 길을 멈추고 국기를 향해 가슴에 손을 얹고는 했지.

영화에 묘사된 국기 강하식 장면은 관객이 실소를 터트리게 하는 조크(joke)에 가까웠어. 그런데 이 장면을 두고 국가에 대한 충성심이 강해서가 아니라 정부가 강요한 반사적이고 강제적인 무의미한 동작이라며 비판하는 분도 있더라고. 2003년 5월에는 어떤 국회의원이 「국기에 대한 맹세」는 파시즘의 잔재라고 주장해 사회적인 논란거리로 떠오른 적도 있었지. 글쎄 뭐 꼭 그렇게까지 과잉 해석할 필요가 있나 싶어.

그 시절을 거쳐 온 분들은 정부가 특별히 강요해서 그렇게 반응했다고는 생각하지 않을 거야. 아무튼 국기 강하식은 1989년 1월 폐지됐어. 군부독재 시절을 떠올리게 한다는 국민 여론을 반영해 정부에서 그렇게 결정한 거야.

태극기 예찬이나 「국기에 대한 맹세」가 그토록 심각한 문제인지 한번 생각해보자고. 사실 미국에 가보면 날마다 성조기를 게양하는 집들이 꽤 많아. 미국의 공립 초·중·고등학생이 등교해서 제일 먼저 하는 게 뭔 줄 알아? 아침마다 교실에 걸린 성조기를 향해 서서 「충성의 맹세(Pledge of Allegiance)」를 하는 시간도 있어. 대강 이런 내용이지. "나는 미합중국의 국기에 대해, 그리고 국기가 표상하는, 모든 사람을 위해 자유와 정의가 함께하고 신(神) 아래 갈라질 수 없는 하나의 국가인 공화국에 대해 충성을 맹세합니다."[39]

미국에서 공식 의례를 거행할 때 「충성의 맹세」가 쓰이니까 우리의 「국기에 대한 맹세」와 같은 거지. 그런데 제목에 충성이라는 말까지 들어 있으니 「국기에 대한 맹세」보다 더 과도한 군대 용어 같지 않아? 만약 우리나라의 어떤 학교에

영화 「국제시장」(2014년)에 나오는 국기 강하식 장면

서 「국기에 대한 맹세」를 외우고 나서 일과를 시작한다면 어떤 반응이 나올까?

꼭 그렇게 하지 않아도 애국심이 발휘된다고 하는 분들도 있겠지. 그들이 자주 거론하는 근거는 '붉은 악마'야. 2002년 한·일 월드컵 때 젊은이들이 서울 시청 앞 광장에 모여 온몸을 태극기로 휘감고 목청껏 "대~한민국!"을 외치지 않았느냐, 잠재된 애국심이 일거에 폭발한 거다, 대강 이런 얘기지. 물론 옳은 말씀이야. 그런데 어찌 보면 그건 스포츠 애국주의가 아닐까 싶어.

2015년에 치른 9급 세무직 공무원 면접시험에서 애국가 4절을 아는지, 「국기에 대한 맹세」를 외우는지, 태극기의 4괘를 아는지 물어봤다며 문제를 제기했던 언론 보도를 봤어. 시대착오적인 황당한 질문이라는 거지.[40] 애국가나 태극기가 공직관이나 국가관 강화와 무관하다는 반론이었는데, 다 옳은 말은 아니지. 공무원 지원자라면 국가에 대한 충성심이나 국민에 대한 봉사의식이 누구보다 투철해야 할 텐데, 국가의 상징에 대해 질문했다고 해서 그토록 이상한 면접이라고 비판할 수만은 없지 않을까? 마찬가지로 구보 씨는 유치원 때부터 영어를 배우는 아이들에게 태극기에 대한 사랑과 「국기에 대한 맹세」도 가르쳐야 한다고 생각해. 영어 단어 하나 더 암기하는 것보다 더 중요한 게 시민교육이지 않겠어?

누이들의 그 희생 절대 잊으면 안 돼

지금 우리가 경제적 풍요를 누리는 이면엔 배고픔과 아픔을 달래며 치열하게 살았던 여성들의 희생이 컸어. 1960년대의 대한민국은 남자보다 여자가 더 살기 힘든 시절이었지. 서울 구로공단의 여성 근로자, 버스 안내양, 파독(派獨) 간호사들은 공동체의식으로 똘똘 뭉쳐 1960~1970년대 우리나라 경제성장을 뒷바라지한 주역이었지. 구보 씨가 아무리 생각해봐도 그분들의 희생이 컸어. 그 큰 희생의 밑바탕에 애국심이 크게 자리 잡았기에 가능한 일이었다고 거창하게 말할 필요는 없겠지만 분명 나라 사랑이랄까 뭐 그런 마음이 있었던 것만은 분명해.

1960년대에 접어들어 정부는 수출 지향 정책을 펼쳤지만 실업난과 외화 부족으로 어려움이 많았어. 그런 상황에서 수출산업공업단지 개발조성법이 공포됐고(법률 제1656호, 1964년 9월 14일), 당시 서울 영등포구 구로동의 허허벌판에 국내 최초의 공업단지 공사가 시작되었어. 1967년 4월 1일에 제1단지가 완공된 후 1968년에 제2단지, 1973년에 제3단지가 준공됐는데, 그 장면이 지금도 생생해.

시간이 흘러 2000년 12월 14일 이곳은 서울디지털산업단지로 명칭이 바뀌며 예전의 모습에서 완전히 탈바꿈했지. 구로공단을 이처럼 간단한 연혁으로만 정리하는 것은 거기서 온 젊음을 바친 우리 누이들에 대한 진정한 예의라고 할 수 없겠지.

구로공단엔 섬유, 의류, 봉제, 전기전자, 가발, 잡화, 광학 같은 수출 기업들이 대거 입주했어. 돈도 학벌도 없는 우리의 누이들은 하루 12시간씩 일하며 청춘을 바쳤거든. 당시 서울 인구 200만 명의 5퍼센트가 넘는 11만여 명이 구로공

전세버스로 귀향길에 오른 구로공단의 여성 근로자들(1981년 9월, 「동아일보」DB)

단에서 일했는데, 근로자의 80퍼센트가 여성이었어. 실밥과 먼지로 눈도 제대로 뜰 수 없는 작업장에서 그들이 만든 제품은 해외로 불티나게 팔려나가 1967년에 3억 2,000만 달러였던 대한민국 수출액은 10년 만에 100억 달러를 달성했어.

1970년 기준으로 월급 2만 2,000원 중에서 사글세, 식비, 교통비를 빼면 손에 쥐는 돈은 소액이었지만 그렇게 모은 돈을 고향 집으로 바리바리 싸서 보냈어. 누이들은 '공순이'라고 비하하는 표현에도 아랑곳하지 않고 2평 미만의 이른바 '벌집'에서 4~5명이 함께 살았어. 밤엔 지친 몸을 이끌고 야간학교에 다녔지. 구로공단에서 여공으로 일했던 소설가 신경숙이 『외딴방』(1999)에서 '벌집'촌을 이렇게 묘사한 걸 읽은 적이 있거든.

서른일곱 개의 방이 있던 그 집, 미로 속에 놓인 방들, 계단을 타고 구불구불 들어가 이젠 더 어쩔 수 없을 것 같은 곳에 작은 부엌이 딸린 방이 또 있던 3층 붉은 벽돌집….[41]

라면으로 끼니를 때운다는 뜻인 '라보때'라는 말도 구로공단에서 생겼지. 구로공단은 빈곤 탈출의 출구였지만 산업화 과정에서 인권을 경시한 우리 사회의 그늘진 흔적이기도 했어. 누이들을 주경야독으로 꿈을 키운 산업 역군이라고만

미화하기엔 우리가 진 빚이 너무 많은 거야. 시간을 내서 서울디지털산업단지에 있는 '수출의 여인상'을 보러 꼭 한 번 가보라고 권하고 싶어.

아니면 임흥순 감독의 다큐멘터리 영화 「위로공단」(2015)을 보는 것도 좋겠어. 구로공단 일대의 50년 역사를 아우른 「가리봉오거리」 전시회도 서울역사박물관에서 열렸었지 (2015년 4월 24일~7월 12일). 공장과 야학 그리고 가리봉시장

탑승구에 매달린 버스 안내양(1977년 1월, 「동아일보」DB)

등 1960년대부터 1990년대까지 구로공단의 과거 모습은 물론 '벌집' 모형과 누이들의 일기와 편지도 볼 수 있어. 구보 씨는 눈시울을 적시며 전시회를 관람했었어.

고속성장의 이면에서 버스 안내양들의 참혹한 삶도 잊으면 안 돼. "오라이! 오라이!(영어 'all right'의 콩글리시)"하며 문을 탕탕 치던 안내양들은 저임금, 장시간 노동, 비인간적 처우, 성적 차별까지 묵묵히 참아내며

승객들을 모셨지. 하루에 19시간씩이나 일했고 식사시간도 따로 없어 20분 휴식시간 안에 끼니까지 모두 해결해야 했어. 차비의 일부를 슬쩍했다며 이른바 '삥땅' 검사를 받았고, 입금액이 적으면 불시에 소지품 검사도 당했거든. 표현을 순화해 차장이 아닌 '안내양'이라는 호칭을 쓰기도 했지만 달라진 건 아무것도 없었어.

당시의 신문엔 버스 안내양 기사가 자주 등장했지. "여차장의 '삥땅' 죄냐? 아니냐?"(1970년 4월 29일, 「매일경제」), "인간 이하 대우받는 버스 안내원"(1974년 5월 25일, 「동아일보」), "안내양의 하루, 버스에 매달린 고투 25시"(1977년 1월 19일, 「동아일보」), "승차지옥 이대로 좋은가. 고달픈 안내양"(1978년 6월 27일, 「동아일보」) 등등. 삥땅 조사는 인권 침해 소지가 아주 강했어. 오죽했으면 1970년 4월 28일에는 한국노사문제연구협회 주최로 '버스 여차장의 삥땅에 관한 심포지엄'까지 열렸겠어?

신문에서는 "버스 차장 삥땅 심포지움. 혹사가 빚어낸 필요악. 임금 인상이 선결과제"(1970년 4월 29일, 「동아일보」) 같은 해법을 제시하기도 했지. 토론자로 참여했던 천주교 원주 교구의 지학순 주교는 삥땅은 제재받아야 하지만 누구나 일에 대해 공정한 보상과 권리를 주장할 수 있기에 삥땅을 했더라도 죄가 안 된다고 역설해 사회적으로 깊은 울림을 주셨지.

"안내양의 하루"(1977년 1월 19일, 「동아일보」)

버스회사 사감 생활을 통해 겪은 여차장의 삶을 그린 「기름밥」이 「동아일보」 논픽션 부문 최우수작으로 당선되기도 했어.(1976년 8월 21일, 「동아일보」) 하지만 논픽션에서 고발한 이후에도 달라진 건 없었지. 상황이 이랬으니 1978년 당시 연두 기자회견에서 박정희 대통령은 버스 안내양 문제를 거론하며 "버스회사 경영진은 안내양을 가족처럼 생각해 따뜻이 보살피고 시민들은 내 딸, 내 누이동생처럼 대해 욕설과 큰소리를 삼가 달라"고 주문하기도 했어. 대통령이 연두

한복을 입고 독일 공항에 내린 간호사들(1960년대, 한국파독광부간호사간호조무사 연합회)

기자회견에서 버스 안내양 문제를 거론한 것은 퍽 이례적인
일이었지.

　영화 「국제시장」(2014)을 통해서도 알려진 파독 간호사 역
시 경제 발전의 주역이었어. 1966년 128명이 처음으로 독일
프랑크푸르트 땅을 밟은 이후 해마다 1,500명가량씩 1977년
까지 모두 1만 371명이 서독에 파견됐어. 간호사들은 외화
벌이를 위해 시신 닦기 등 모진 일들을 해냈고 '코리안 에인
절(Korean Angel: 한국인 천사)'이라는 별칭까지 얻었어. 한국

파독연합회는 파독 50주년을 기념해 『파독 간호사 50년사』 (2016)를 발간했고, 한국문화국제교류운동본부(ICKC)는 독일에 '딘스라켄 아리랑파크'를 조성해 그들의 공로를 기렸지.

구보 씨는 구로공단의 여성 근로자, 버스 안내양, 파독 간호사들이 개인적인 고통과 아픔을 감내해낸 마음 깊은 곳엔 열심히 일하다 보면 언젠가는 잘살게 될 거라는 희망이 깊이 자리 잡고 있었기에 그토록 희생을 감내했다고 생각해. 우리 누이들의 희생을 바탕으로 우리가 지금 이만큼이라도 살고 있음을 결코 잊지 말아야 해. 그렇지 않아?

대학입시의 변천은 무죄인가 유죄인가

대학수학능력시험을 전후해서 고등학교 3학년 학생들과 학부모들이 꽤나 마음을 졸이고 계시겠지. 대학입시 제도가 시대별로 조금씩 달라졌다 해도 수험생 가족이 마음을 졸이는 건 언제나 변하지 않는 똑같은 현상이야. 온 가족이 대학입시에 에너지를 쏟아붓는 건 자식 사랑의 또 다른 증거겠지, 아마도. 그리고 대학입시는 국민의 한 사람으로 살아가면서 어떤 대열에 올라타려는 피나는 몸부림일 수도 있어.

해방을 맞은 1945년부터 1953년까지는 대학별로 알아서 시험을 봤어. 시행착오를 거듭하다 전쟁의 폐허 속에서 대학 입시의 시초인 '국가연합고사'가 1954년에 처음 치러졌지. 책상이 없으니 의자에 앉아 무릎 위에 시험지를 놓고 시험을 보거나, 이마저도 없으면 운동장이나 교실 밖 계단에 줄지어 앉아 시험을 봤어. 하지만 입시생에게 이중으로 부담을 준다는 이유로 이 제도는 중단됐고 1955년부터 다시 본고사를 봤어. 1950~1960년대는 대학 신입생 선발권을 놓고 정부와 대학의 줄다리기가 계속됐지. 대학별로 알아서 시험을

계단에 앉아 대학입시를 치르는 장면(1954년, 국가기록원)

진행하기도 했지만 부정입학 문제가 불거지면 다시 국가고
사를 부활하기도 했어.

1962년엔 '대학입학 자격고사'가 도입됐지만 정원 미달
사태가 벌어지고 대학의 자율성 침해 논란이 일자, 1964년
엔 대학별 단독고사로 제도가 다시 바뀌었어. 소 한 마리를
팔아야 대학을 졸업한다며 대학을 상아탑이 아닌 우골탑(牛
骨塔)으로 부른 것도 이때부터야. '치맛바람'이라는 말도 이
무렵 생겨났지. 1969학년도 입시부터는 예비고사 커트라인
을 통과한 수험생에게만 본고사를 치를 자격을 주는 '예비고
사제'가 도입됐어. 이때부터 답안지 채점을 사람이 하지 않
고 기계가 하기 시작했어.

사실 대학입시가 체계를 잡은 건 1970년대부터야. 예비고
사와 본고사가 꽤 오랫동안 자리를 잡았지만 과외가 성행했
고, 학교교육을 입시 위주로 진행해 많은 문제점이 야기됐고
동시에 해가 갈수록 재수생이 늘어나기 시작했지. 문제점이
많이 나타난 거야.

뭐니 뭐니 해도 1981학년도 입시제도는 입시제도 변경 역
사상 가장 황당한 경우라고 할 수 있을 거야. 전두환 정부는
1980년 여름방학 기간에 갑자기 대학입시에서 본고사를 폐
지하고 기존 예비고사의 이름을 바꾼 '학력고사' 성적으로
만 대입 전형을 하겠다고 발표한 거야. 대입 시험을 채 6개

서울 창덕여고에서 치른 대학입시 장면(1970년 11월 20일, 「동아일보」DB)

월도 남기지 않은 시점이었지. 군사독재 정권이었으니까 가능했어.

예비고사는 보통 중상위권 학생들이 거의 합격하는 시험이라 따로 공부하는 학생이 거의 없었고 모두가 본고사 입시 준비에 전념했는데, 갑자기 학력고사가 모든 걸 결정하는 상황이 된 거야. 결과가 어찌 됐냐고? 1981학년도 입시에서 명문대의 거의 모든 학과가 미달 사태를 겪는 기현상이 벌어졌지. 바뀐 제도에서 안전한 합격을 누구도 장담할 수 없어 다들 하향 지원한 탓이지.

예를 들어 340점 만점의 시험에서 배짱이 두둑한 100점대 학생들이 5명이나 S대 법대에 합격하는 사건이 벌어졌어. 그 학생들의 면접시험 일화가 신문 가십난을 장식하기도 했어. "관악산에 노루가 뛰논다. 법대 교수. 너는 참아줘"를 영어로 말해보라고 하자, "관악 마운틴 노루 점핑. 티처 오브 법대. 유 니드 노 에너지"라고 답변했다는 거야.[42]

대학에 입학하고 나서도 본고사 세대가 학력고사 세대를 대우해주지 않아 81, 82학번 신입생들은 인정투쟁을 하는 경우가 많았다고 막내 녀석한테 들었어. 1992학년도 대학입시에선 후기 학력고사 직전에 시험문제지를 도난당하는 사건이 벌어져 시험이 취소된 대형 사고도 있었지. 지망 대학 근처에 숙소까지 잡고 준비하던 수험생들은 입학시험 자체가 취소됐으니 얼마나 황당했겠어?

학력고사가 암기 위주의 경쟁 교육을 유발한다는 여론 때문에 1994학년도 입시부터는 '대학수학능력시험(수능)'을 도입했어. 미국의 대입 시험(SAT)을 참고한 거래. 지금까지 유지되고 있으니 수능은 가장 수명이 긴 입시제도인 거지. 그렇지만 사교육을 양산했다는 비판도 많았어. 그 후 각종 전형 방법이 생겨났지. 아무튼 1980~1990년대 입시에서는 원서 마감 직전까지 치열하게 펼쳤던 눈치작전에 따라 합격이 좌우되는 사례도 많았어. 온 가족이 동원돼 마치 첩보전쟁을 치르듯 여러 대학의 경쟁률을 확인하고는 했지.

교육부가 발표한 자료를 보면 그동안 대학입시 제도가 16번이나 바뀌었다고 하네. 대학별 단독시험(1945~1953), 국가고시 연합고사제(1954), 대학별 단독시험 및 무시험 병행(1955~1961), 대학입학자격 국가고사제(1962~1963), 대학별 단독시험(1964~1968), 예비고사와 본고사 병행(1969~1980), 예비고사 및 고교 내신 병행(1981), 학력고사 및 고교 내신 병행(1982~1985), 학력고사와 고교 내신 및 논술고사 병행(1986~1987), 학력고사 및 고교 내신 병행(1988~1993), 고교 내신과 수능시험 및 대학별 본고사 병행(1994~1996)으로 바뀐 거야.

그 후 수능시험과 학교생활기록부 및 논술, 추천서, 심층

면접 병행(2009~2014)을 거쳐 다양한 전형 방법이 생겨났어. 한마디로 대학 주도냐 국가 주도냐를 놓고, 정부와 대학이 입시제도의 샅바 싸움을 했던 거 같아. 해마다 입시 때만 되면 하늘에서 신들의 전쟁이 벌어질 것 같아. 교회에서, 성당에서, 절에서 수많은 고3 학부모들이 자신이 믿는 신에게 100일 전부터 합격을 기원하는 기도를 드리고 있잖아. 심지어 부적을 가슴에 품고 시험을 보는 학생들도 있다고 하더라고.

해마다 대학입시와 관련된 에피소드도 많아. 경찰관의 수험생 수송 작전은 매년 등장하는 단골 뉴스이고, 합격 기원 제품은 또 얼마나 많아? 찰싹 붙으라며 엿을 선물하거나 정답을 콕콕 잘 찍으라며 포크를 선물하기도 한다지. 입시란 늘 긴장된 순간이지만 지나고 보면 추억도 많은 것 같아. 구보 씨의 아들은 답안지에 옮겨 적을 때 한 문제씩 밀려 써 30초를 남겨두고 겨우 수정하느라 등골이 서늘했다고 하더라고. 언제나 그렇듯이 대학입시에서 수험생들 모두가 자신의 실력을 유감없이 발휘했길 진심으로 바랄 뿐이야.

1) 제임스 레버, 정인희 옮김,『서양 패션의 역사』, 시공사, 2005.

2) 이민주,「노출과 은폐의 문화사」,『역사민속학』제31호, 한국역사민속학회, 2009, 33~63쪽.

3) 안흥종(2007. 7. 28)의「사루마다 빤스의 추억」을 보자. "여름이면 운곡천에서 신나게 물장구치던 그 시절이 어제인 마냥 기억이 생생하다. 자맥질한 후 물 위로 솟구치면 탄력 잃은 검정 고무줄이 헐거워 반쯤 내려간 사루마다 위로 엉덩이 두 쪽이 훤히 드러나면 급하게 추스르곤 했던 옛 추억. (⋯) 사루마다는 원숭이 사타구니에 입히는 옷이라는 뜻으로 훈도시와 함께 일본의 고유 의복으로 여름이면 사루마다 가랑이 사이로 부살이 훤히 보이는 상태로 부녀자 앞에서 태연작약 부채질하는 옛 그림을 볼 수가 있다. 어렸을 적에 누나가 재봉틀로 만들어준 광목 사루마다 빤스를 입고 자랐다."(http://cafe.daum.net/choonwoo/6OFH/3?q=%BB%E7%B7%E7%B8%B6%B4%D9)

4) 배수정·백정현·오현아,『현대패션과 서양복식문화사』, 수학사, 2016.

5) 백지혜,『스위트 홈의 기원』, 살림, 2005.

6) 공제욱,「국가동원체제 시기 "혼·분식 장려운동"과 식생활의 변화」,『경제와사회』제77호, 비판과사회학, 2008, 107~138쪽.

7) 안효진,「근대 이후 한국인의 식생활 변천 연구」, 경희대학교 박사학위논문, 2015.

8) William E. Griffith, *Corea: The Hermit Nation*, New York: Charles Scriber's Sons, 1882(W. E. 그리피스, 신복룡 옮김,『은자의 나라 한국』, 집문당, 1999). 1882년(고종 19년)에 미국인 그리피스가 지은 한국 소개서이다. 이 책의 1부는 고대부터 구한말까지의 역사, 2부는 지리·제도·사회·풍습의 소개, 3부는 구한말 이후 1906년까지의 근대사로 초판에는 없던 것이 1907년의 8판에서 추가되었다.

9) 신인섭·김병희,「아지노모도 조미료 광고」,『한국 근대광고 걸작선 100: 1876~1945』, 커뮤니케이션북스, 2007, 367~369쪽.

10) 박근애, "해방 50년, 삶의 발자취를 찾아서 51: 인공조미료", 「한겨레」, 11면, 1995. 10. 22.

11) 유제학, 「아이스크림 이야기」, 『식품기술』, 12(3), 1999, 25~35쪽.

12) 길윤형, "그땐 빨아먹었지, 쮸쮸바의 추억!", 「한겨레 21」 제619호, 2006.

13) "부라보콘 투게더 스크류바 10년 이상 장수", 「매일경제」, 14면, 1995. 6. 24.

14) 이진설, "아이유 논란으로 본 술 광고 규제 움직임", 「뉴스투데이」, 2015. 8. 27.

15) 오늘.

16) 나뭇잎이 푸르게 우거진 그늘과 향기로운 풀이 꽃보다 나을 때, 즉 초여름을 뜻한다.

17) 찬 이슬과 차가운 겨울바람.

18) 노란 국화와 붉은 단풍으로 가을을 상징한다.

19) 잎이 다 떨어진 나무와 차가운 하늘.

20) 사람이 죽어서 묻히는 곳.

21) 상 위에 가득 차린 귀하고 맛있는 음식.

22) 사후대탁불여생전일배주(死後大卓不如生前一杯酒)에서 유래한 말로 죽어서 마시는 세 잔 술이 살아 있을 때의 한 잔 술만 못하다는 뜻이다.

23) 나라 곡식을 훔쳐서 먹는 것.

24) 허시명, 『허시명의 주당천리』, 예담, 2007.

25) 오성철, 「운동회의 기억: 해방 이후 초등학교 운동회를 중심으로」, 『아시아교육연구』 12(1), 서울대학교 교육연구소, 2011, 197~218쪽.

26) http://blog.daum.net/nahasa/5812458

27) MBC 아나운서국 우리말 팀 엮음, 『쓰면서도 잘 모르는 생활 속 우리말 나들이』, 시대의창, 2015.

28) 서거정, 임정기 옮김, 『국역 사가집(四佳集)』, 민족문화추진회, 2004.

29) 신인섭·김병희, 「신년 축하 광고」, 『한국 근대광고 걸작선 100: 1876~1945』, 커뮤니케이션북스, 2007, 149~153쪽.

30) 박천홍, 『매혹의 질주 근대의 횡단: 철도로 돌아본 근대의 풍경』, 산처럼, 2003.

31) 해방자호는 1940년대 중반부터 1950년대 초반까지 특급열차로 운행한 열차의 이름이다. 서울-부산 간의 조선해방자호(朝鮮解放者號)와

서울-목포 간의 서부해방자호(西部解放者號)로 나뉘었다.

32) 이용상 외,『한국 철도의 역사와 발전 1』, BG북갤러리, 2011. 이용상 외,
『한국 철도의 역사와 발전 2』, BG북갤러리, 2013. 이용상 외,『한국 철
도의 역사와 발전 3』, BG북갤러리, 2015.

33) 정웅수,「조선 사절이 본 메이지(明治) 일본: 김기수의『일동기유』를 중
심으로」,『일본문화학보』제45집, 한국일본문화학회, 2010, 311~328쪽.

34) 윤상길,「통신의 사회문화사」, 유선영·박용규·이상길 외.『한국의 미디
어 사회문화사』, 커뮤니케이션북스, 2007, 97~167쪽.

35) 김병희,「전화기 광고에 나타난 상품 메시지의 변화 추세 분석」,『광고
학연구』26(6), 한국광고학회, 2015, 349~377쪽.

36) 김병희,「무선호출기(삐삐) 광고의 흐름」,『광고로 보는 미디어 테크놀
로지의 소비문화사』, 서울경제경영, 2016, 282~290쪽.

37) 허엽, "20세기 최고가요「돌아와요 부산항에」",「동아일보」, 1999. 12.
23.

38) 김성현, "송철의 신임 국립국어원장, 쉽고 편한 우리말 계획 발표",「조
선일보」, 2015. 7. 9.

39) 원문은 다음과 같다. "I pledge allegiance to the flag of the United States
of America, and to the republic for which it stands; one nation, under
God, indivisible, with liberty and justice for all."

40) 최우리, "이게 인사혁신?… '애국가 4절' 묻는 공무원 시험",「한겨레」,
2015. 7. 7.

41) 신경숙,『외딴방』, 문학동네, 1999.

42) "해프닝 만발 전기대 입시",「경향신문」, 1981. 1. 29.

해방 이후 한국의 풍경 1

구보 씨가 살아온 한국 사회

펴낸날	초판 1쇄 2017년 5월 25일

지은이	김병희
펴낸이	심만수
펴낸곳	(주)살림출판사
출판등록	1989년 11월 1일 제9-210호

주소	경기도 파주시 광인사길 30
전화	031-955-1350 팩스 031-624-1356
홈페이지	http://www.sallimbooks.com
이메일	book@sallimbooks.com

ISBN	978-89-522-3634-0 04080
	978-89-522-0096-9 04080 (세트)

※ 값은 뒤표지에 있습니다.
※ 잘못 만들어진 책은 구입하신 서점에서 바꾸어 드립니다.

이 도서의 국립중앙도서관 출판시도서목록(CIP)은 서지정보유통지원시스템 홈페이지
(http://seoji.nl.go.kr)와 국가자료공동목록시스템(http://www.nl.go.kr/kolisnet)에서
이용하실 수 있습니다.(CIP제어번호: CIP2017010664)

책임편집·교정교열 성한경·홍민정

089 커피 이야기   eBook

김성윤(조선일보 기자)

커피는 일상을 영위하는 데 꼭 필요한 현대인의 생필품이 되어 버렸다. 중독성 있는 향, 마실수록 감미로운 쓴맛, 각성효과, 마음의 평화까지 제공하는 커피. 이 책에서 저자는 커피의 발견에 얽힌 이야기를 통해 그 기원을 설명한다. 커피의 문화사뿐만 아니라 커피에 대한 일반적인 정보 및 오해에 대해서도 쉽고 재미있게 소개한다.

021 색채의 상징, 색채의 심리

박영수(테마역사문화연구원 원장)

색채의 상징을 과학적으로 설명한 책. 색채의 이면에 숨어 있는 과학적 원리를 깨우쳐 주고 색채가 인간의 심리에 어떤 작용을 하는지를 여러 가지 분야의 사례를 통해 설명한다. 저자는 색에는 나름대로의 독특한 상징이 숨어 있으며, 성격에 따라 선호하는 색채도 다르다고 말한다.

001 미국의 좌파와 우파   eBook

이주영(건국대 사학과 명예교수)

진보와 보수 세력의 변천사를 통해 미국의 정치와 사회 그리고 문화가 어떻게 형성되고 변해왔는지를 추적한 책. 건국 초기의 자유방임주의가 경제위기의 상황에서 진보-좌파 세력의 득세로 이어진 과정, 민주당과 공화당의 대립과 갈등, '제2의 미국혁명'으로 일컬어지는 극우파의 성장 배경 등이 자연스럽게 서술된다.

---

002 미국의 정체성 10가지 코드로 미국을 말하다   eBook

김형인(한국외대 연구교수)

개인주의, 자유의 예찬, 평등주의, 법치주의, 다문화주의, 청교도 정신, 개척 정신, 실용주의, 과학·기술에 대한 신뢰, 미래지향성과 직설적 표현 등 10가지 코드를 통해 미국인의 정체성과 신념을 추적한 책. 미국인의 가치관과 정신이 어떠한 과정을 통해서 형성되고 변천되어 왔는지를 보여 준다.

058 중국의 문화코드

강진석(한국외대 연구교수)

중국의 핵심적인 문화코드를 통해 중국인의 과거와 현재, 문명의 형성 배경과 다양한 문화 양상을 조명한 책. 이 책은 중국인의 대표적인 기질이 어떠한 역사적 맥락에서 형성되었는지 주목한다. 또한, 구체적이고 실제적인 여러 사물과 사례를 중심으로 중국인의 사유방식에 대해 설명해 주고 있다.

057 중국의 정체성 `eBook`

강준영(한국외대 중국어과 교수)

중국, 중국인을 우리는 과연 어떻게 이해해야 하나? 우리 겨레의 역사와 직·간접적으로 끊임없이 영향을 주고받은 중국, 그러면서도 아직까지 그들의 속내를 자신 있게 말할 수 없는, 한편으로는 신비스럽고, 한편으로는 종잡을 수 없는 중국인에 대한 정체성을 명쾌하게 정리한 책.

015 오리엔탈리즘의 역사 `eBook`

정진농(부산대 영문과 교수)

동양인에 대한 서양인의 오만한 사고와 의식에 준엄한 항의를 했던 에드워드 사이드의 오리엔탈리즘. 이 책은 에드워드 사이드의 이론 해설에 머무르지 않고 진정한 오리엔탈리즘의 출발점과 그 과정, 그리고 현재와 미래의 조망까지 아우른다. 또한 오리엔탈리즘이 사이드가 발굴해 낸 새로운 개념이 결코 아님을 역설한다.

186 일본의 정체성 `eBook`

김필동(세명대 일어일문학과 교수)

일본인의 의식세계와 오늘의 일본을 만든 정신과 문화 등을 소개한 책. 일본인을 지배하는 이데올로기는 무엇이고 어떤 특징을 가지는지, 일본을 주목해야 하는 이유는 무엇인지 등이 서술된다. 일본인 행동양식의 특징과 토착적인 사상, 일본사회의 문화적 전통의 실체에 대한 분석을 통해 일본의 정체성을 체계적으로 살펴보고 있다.

261 노블레스 오블리주 세상을 비추는 기부의 역사

예종석(한양대 경영학과 교수)

프랑스어로 '높은 사회적 신분에 상응하는 도덕적 의무'를 뜻하는 노블레스 오블리주. 고대 그리스부터 현대까지 이어지고 있는 노블레스 오블리주의 역사 및 미국과 우리나라의 기부 문화를 살펴보고, 새로운 시대정신으로 노블레스 오블리주를 부활시킬 수 있는 가능성을 모색해 본다.

396 치명적인 금융위기, 왜 유독 대한민국인가 `eBook`

오형규(한국경제신문 논설위원)

이 책은 전 세계적인 금융 리스크의 증가 현상을 살펴보는 동시에 유달리 위기에 취약한 대한민국 경제의 문제를 진단한다. 금융안정망 구축 방안과 같은 실용적인 경제정책에서부터 개개인이 기억해야 할 대비법까지 제시해 주는 이 책을 통해 현대사회의 뉴노멀이 되어 버린 금융위기에서 살아남는 방법을 확인해 보자.

400 불안사회 대한민국, 복지가 해답인가 `eBook`

신광영 (중앙대 사회학과 교수)

대한민국 사회의 미래를 위해서 복지는 선택이 아니라 필수라고 말하는 책. 이를 위해 경제 위기, 사회해체, 저출산 고령화, 공동체 붕괴 등 불안사회 대한민국이 안고 있는 수많은 리스크를 진단한다. 저자는 사회적 위험에 대응하기 위한 복지 제도야말로 국민 모두의 삶의 질을 높일 수 있는 길이라는 것을 역설한다.

380 기후변화 이야기 `eBook`

이유진(녹색연합 기후에너지 정책위원)

이 책은 기후변화라는 위기의 시대를 살면서 우리가 알아야 할 기본지식을 소개한다. 저자는 기후변화와 관련된 핵심 쟁점들을 모두 정리하는 동시에 우리가 행동해야 할 실천적인 대안을 제시한다. 이를 통해 독자들은 기후변화 시대를 사는 우리가 무엇을 해야 할 것인지에 대하여 생각해 볼 수 있을 것이다.

사회·문화

(주)살림출판사
www.sallimbooks.com
주소 경기도 파주시 문발동 522-1 | 전화 031-955-1350 | 팩스 031-955-1355